10
18

12, AVENUE D'ITALIE. PARIS XIIIe

Sur l'auteur

William Sutcliffe est né en 1971 à Londres. Il est l'auteur de quatre romans, traduits en dix-sept langues, dont le dernier, *Bad Influence*, a paru en Angleterre en 2004.

WILLIAM SUTCLIFFE

VACANCES INDIENNES

Traduit de l'anglais
par Philippe ROUARD

10
18

« Domaine étranger »

dirigé par Jean-Claude Zylberstein

DENOËL

Titre original :
Are You Experienced ?

ISBN 2-264-03917-5

À Georgie

Zeus qui guide les mortels sur le chemin de la tolérance,
Zeus qui a voulu que la sagesse se paie de la souffrance.

Eschyle, *Agamemnon*

Ça va mieux que jamais, c'est beaucoup plus sensible.

John Wayne Bobbitt

PREMIÈRE PARTIE

Mauvais plan

Elle a vachement changé

« Le dossier ne s'incline pas.

– Bien sûr qu'il s'incline.

– Je te dis que non.

– Laisse, je vais te montrer. » Et me voilà en train de lutter avec le siège, dont le dossier refuse de s'incliner. « T'as raison, il est cassé. »

Elle ricane, avec une retenue qui vaut son pesant d'hostilité. C'est comme si elle me balançait : « T'es qu'un débile qui peut pas encaisser que je me foute de ta gueule. » Il y a quelques semaines elle m'aurait chopé par les oreilles, m'aurait éclaté de rire au visage et traité de crétin de macho impuissant. Maintenant, elle me nargue juste assez pour me faire savoir qu'elle a remarqué que j'étais un idiot, mais qu'elle préfère garder ça pour elle.

« On échange ? »

Je ne réponds pas. J'étais à l'aéroport à l'heure et, à l'enregistrement, j'ai bien précisé que je voulais un siège côté hublot ; après quoi j'ai attendu Liz pendant une heure et demie. Elle s'est pointée à la dernière minute et n'avait pas un seul traveller sur elle et elle a dû les acheter sur place et il n'y avait qu'un seul guichet ouvert et s'il avait été fermé je ne sais pas ce qu'on aurait fait. Je… serais parti seul voyager en Inde pendant trois mois. Ou j'aurais été obligé de lui prêter des ronds, bordel, et on se serait retrouvés à sec en moins de deux, ça aurait été l'enfer, et puis ce n'est quand même pas à moi de lui avancer du fric. Je ne l'aurais pas fait. Elle avait des semaines pour s'organiser…

« On échange nos places ? De toute façon, tu lis… tu n'as pas besoin d'incliner ton dossier. J'aimerais bien dormir, moi. »

Elle ment. On vient juste de décoller, et le temps est clair, la visibilité parfaite. Si j'ai demandé un siège près du hublot, c'est justement pour voir le paysage… et je sais bien que c'est puéril, mais j'aime prendre l'avion, d'accord ? Je n'ai pas honte d'aimer la vue qu'on a depuis là-haut. Je suis peut-être un peu grand pour ça, mais je m'en fiche. Il se trouve que ça m'intéresse.

« David… ? Tu m'entends ? »

Elle me jette un méchant regard, les traits empreints de dédain, l'air de dire : « Allez, ose donc me dire que t'as envie d'admirer le paysage. Vas-y, accouche. Comme ça, ce sera clair, on ne pourra plus le nier ni l'un ni l'autre… que tu as beau avoir dix-neuf piges, t'es resté un gamin… et que tu rougis même pas d'être un parfait blaireau. »

Je ne suis pas parano… tout est là, inscrit dans la courbe de ses narines, sans parler du regard.

Ce qui m'énerve le plus, c'est que je n'étais pas vraiment plongé dans ma lecture. Je jetais de brefs coups d'œil à mon bouquin et regardais surtout par le hublot. Mais elle m'a pris sur le fait, et je ne peux pas lui avouer que je ne lisais pas réellement, parce que c'est précisément ce qu'elle attend pour me faire passer pour un égoïste.

« D'accord, je lui dis. Dans deux minutes. »

Je referme le livre et me penche ostensiblement vers le hublot pour bien lui montrer que je ne pense pas qu'à moi et que l'échange de nos places n'est pas un mince sacrifice. Je l'entends qui soupire et, du coin de l'œil, la vois secouer la tête. Elle a tout combiné de telle manière que j'aurais beau faire, cela confirmerait seulement ce qu'elle pense de moi.

Elle me déteste. Pour elle, je suis immature, égoïste, coincé et arrogant. Misère, je vais lui refiler mon siège, et le moment viendra où moi aussi, j'aurai envie de dormir, et je ne pourrai pas à cause de ce foutu dossier qui refuse de s'incliner. Et elle est là à dodeliner du bonnet parce que évidemment, c'est bien connu, je ne pense qu'à ma pomme. C'est révoltant.

Je ne comprends pas comment on en est arrivés là. Je ne sais pas ce qui s'est passé. Il y a quelques semaines, on formait les meilleurs amis du monde, on était presque amoureux. Et maintenant qu'on part ensemble en Inde pendant trois mois, elle me traite comme si j'étais un bout de barbaque pourrie. Peut-être que je suis immature et égoïste et coincé et arrogant mais, avant, elle m'aimait bien. Je suis resté le même. Alors je ne vois pas pourquoi je devrais me comporter autrement sous prétexte qu'elle a vachement changé, elle.

Trouille bleue d'enfer

Je connaissais le vieux cliché… quand tu débarques en Inde, c'est comme si tu entrais dans un four, mais ça ne m'avait pas préparé au fait qu'en arrivant là-bas, on entre réellement dans un four.

L'aéroport de Delhi, c'était… à peine croyable. Une telle multitude de gens ne pouvait pas s'entasser dans un espace aussi petit sans finir par se bouffer les uns les autres. C'était pas possible. Pourtant, personne d'autre ne semblait remarquer qu'il y avait foule.

Après des heures à faire le pied de grue à l'immigration, on s'est échappés de l'aéroport pour découvrir que c'était encore plus dingue dehors. On avait à peine débouché à l'air libre que plusieurs équipes de rugbymen cocotant un max se sont rués sur nous pour tenter de nous démembrer de telle manière qu'on puisse être acheminés en ville en pièces détachées par divers modes de transport. C'était à gerber. J'avais l'impression de me faire agresser… agresser à l'intérieur d'un four. Et tous ces types qui voulaient nous faire prendre leur taxi avaient l'air si pauvres et si désespérés que je n'avais qu'une envie… rentrer chez moi sur-le-champ.

Liz a remarqué que les autres routards de notre vol étaient montés dans un bus, alors on a brassé à travers cette houle humaine et grimpé derrière eux. Le moteur tournait déjà, et on s'est assis, soulagés d'être arrivés juste à temps. Le chauffeur a désigné nos bagages d'un air pas content et il a pointé un index impérieux vers le toit du bus. J'ai noté qu'on était les seuls à avoir gardé nos sacs, alors on est redescendus et on s'est retrouvés pris dans un autre flot, où tous se proposaient de hisser notre barda sur la galerie. J'étais sûr qu'ils nous piqueraient nos affaires à la seconde où j'aurais tourné le dos et j'ai essayé de le faire moi-même, mais un type coiffé d'un turban rouge qui lui conférait un air de chef-poseur-de-valises-sur-le-toit m'a fait redescendre et a empoigné mon Lafuma par la bretelle. J'ai hésité et puis je l'ai laissé s'en charger. Je ne l'ai pas lâché des yeux pendant qu'il l'arrimait avec une corde. Il avait l'air de connaître son boulot, et puis il y avait déjà d'autres sacs de routards là-haut, alors je me suis dit que ça devait être la règle. Une fois redescendu, il s'est mis à dodeliner bizarrement du chef en disant « moni… moni ».

« Il veut des sous, a traduit Liz.

– Pourquoi je lui donnerais de l'argent ? C'est son job. J'étais prêt à le faire moi-même.

– File-lui un peu de monnaie, merde. Je remonte nous trouver des places.

– Mais j'ai pas un rond ! Il a pas l'air du genre à accepter un traveller.

– Donne-lui n'importe quoi.

– Comme quoi ? Un rouleau de P.Q. ? Le *Guardian* d'hier ? »

Elle a disparu dans le bus en m'ignorant.

« Moni… moni.

– J'en ai pas.

– Moni. »

Et de me tirailler par la manche, tandis que la multitude se pressait autour de nous.

« Écoute, mon pote… j'ai pas de "moni"… faut que j'aille à la banque.

– MONI ! »

J'ai retourné mes poches pour bien lui montrer qu'elles étaient vides, et tout un tas de pièces anglaises en sont tombées. Il m'a regardé d'un sale œil puis s'est baissé pour ramasser la ferraille. Il s'en est suivi une mêlée autour de la manne et, préférant m'éclipser avant qu'ils réalisent que c'était de la monnaie anglaise, je suis remonté dans le bus.

Tous les sièges avaient été pris pendant cette histoire de sacs, et j'ai rejoint Liz qui se tenait debout vers l'arrière.

« Pile poil », j'ai dit.

Une demi-heure plus tard, le bus était bondé, et le chauffeur a commencé à faire ronfler le moteur.

Une autre demi-heure plus tard et un bus deux fois plus rempli qu'au moment où je l'estimais plein à craquer et l'homme au turban rouge me criant toujours après par la fenêtre, on s'est ébranlés lentement, direction la sortie.

« C'est horrible.

– Qu'est-ce qui est horrible ? a demandé Liz.

– Ça. Tout.

– Tu t'attendais à quoi ? elle a répliqué, le regard implacable.

– C'est toujours comme ça, ici, à ton avis ?

– Je pense.

– Et on a fait tout ce voyage pour…

– Pour visiter l'Inde, oui.

– Merde, j'y crois pas. »

J'ai eu soudain l'impression d'avoir l'estomac rempli de cailloux. Ça n'allait pas du tout. Je n'étais pas venu au bon endroit. Je n'avais encore rien avalé et j'avais déjà la nausée… à cause de la chaleur, de la foule, de la claustrophobie… et d'une trouille bleue d'enfer.

Mais qu'est-ce que j'avais fait là ? Pourquoi j'étais venu dans ce pays atroce ? J'allais détester. C'était écrit. Il n'y avait aucune chance que je m'habitue à tout ça. Et maintenant j'étais coincé ici.

C'était la tasse. Vraiment la tasse.

J

Après que le bus nous a largués, on est allés au Ringo Guest House – le nom nous bottait bien et c'était le premier cité dans *Lonely Planet*. Ce n'était pas loin à pied depuis l'arrêt du bus, en passant par une petite rue, ce qui est une façon de parler parce que notre chemin ne ressemblait en rien à ce que j'appellerais une rue. D'abord, il n'y avait pas la moindre épaisseur de bitume – rien que de la boue compacte sous une épaisse couche de poussière constellée de flaques verdâtres et de tas de détritus, sans parler des bouses de vaches. Le plus étonnant, c'était que la plupart des gens marchaient là-dedans en tongs.

J'observais les passants, et ils n'avaient rien de commun avec les Indiens d'Angleterre. Ce n'était pas une question de différence physique ni même le fait de porter des vêtements bizarres, non, il y avait autre chose que je n'arrivais pas à saisir et qui me les rendait totalement étrangers. Un je-ne-sais-quoi dans leur façon de bouger, dans l'expression de leurs visages. En tout cas, ça me faisait complètement flipper. Et partout où je portais mon regard, ils étaient des centaines... à se gueuler après, me hurler de « prendre taxi », « manger très bonne nourriture » ou « téléphoner longue distance pas cher », sans jamais cesser de se bousculer, caqueter, se chamailler et, d'une manière générale, se comporter comme s'ils étaient chez eux.

L'hôtel était tout en haut d'un escalier sombre et se composait de quelques chambres doubles attenantes à une toiture en terrasse. Un homme au cou orné d'une excroissance de chair de la taille d'une balle de tennis nous a informés que toutes ses chambres étaient prises mais qu'il restait le dortoir. Sur ce, il nous a emmenés par une échelle jusqu'à un coin surélevé de la terrasse, où se dressait une cabane en tôle ondulée.

La sensation de fournaise qui nous accompagnait depuis notre arrivée n'était rien comparée à la chaleur qu'il faisait dans cette boîte de métal encombrée de lits. M'accoutumant lentement à la pénombre après la vive lumière du dehors, je pouvais distinguer quelques routards à l'air déprimé allongés sur leurs paillasses. Ils semblaient tous tellement amaigris et malheureux qu'on aurait pu se croire dans une prison. Les uns lisaient ou bien dormaient, les autres étaient prostrés sur leurs couches, le regard scotché dans le vide. C'était pas trop l'éclate, apparemment.

Nous avions échappé à la frénésie hallucinante des rues pour tomber sur ce spectacle de déprime aiguë. Nous étions là depuis quelques minutes, et personne n'avait seulement tourné la tête vers nous. Quoi qu'il puisse m'arriver, je ne voulais pas finir comme ces types. Je voulais rentrer chez moi.

À la perspective d'être bloqué en Inde pendant trois mois – trois fois trente jours – un désespoir vertigineux s'est emparé de moi.

« Qu'est-ce que t'en penses ? m'a demandé Liz.

– Sinistre.

– Hum.

– Tu crois qu'on pourrait trouver mieux ?

– Peut-être.

– On peut toujours poser la question, j'ai dit.

– Ceux qui sont ici doivent penser que c'est le meilleur plan, sinon ils seraient ailleurs, non ?

– Il y a des chances. »

C'était ultradésolant de s'imaginer qu'un tel endroit puisse être le best à Delhi aux yeux de certains. Mais ça n'était guère plus bandant de repartir nos sacs sur le dos sous cette canicule jusqu'à ce qu'on déniche une crèche potable.

Liz a pêché le guide dans son sac. Il y avait un autre hôtel recommandé dans le coin, Chez Madame Colaço. *Lonely* le décrivait « rudimentaire, surpeuplé et plutôt éprouvant pour les nerfs », ce qui n'était pas spécialement alléchant, mais vu que c'était le seul mentionné dans le quartier, nous sommes retournés dans l'étuve extérieure, cap sur Madame Colaço.

L'ambiance y était un chouia moins abattue que chez Ringo, et on comptait moins de hippies en catatonie. Là encore, il n'y avait pas de vraies chambres disponibles, mais on a volontiers accepté des lits dans le dortoir, trop contents d'avoir un endroit où s'affaler.

On s'est affalés.

Allongé sur ma couche dure comme du bois, les yeux fixés sur le ventilateur, qui tournait juste assez lentement pour n'avoir aucun effet sur l'air ambiant, je suis rapidement arrivé à la conclusion que j'ignorais jusqu'à ce jour ce qu'était la chaleur. Bien sûr, j'avais déjà senti le soleil sur ma peau et j'avais sué en courant mais jamais je n'avais éprouvé cette sensation d'être une pièce de viande rôtissant de l'intérieur. Je me sentais littéralement en ébullition, comme si mes organes internes étaient d'énormes morceaux à moitié cuits que je devais transporter avec moi. Et mon nez était devenu un séchoir miniature soufflant un air brûlant sur ma lèvre supérieure.

Comment des gens pouvaient-ils vivre ainsi ? Comment un pays pouvait-il fonctionner dans de telles conditions ? Comment une telle masse d'air pouvait-elle atteindre une telle température sans réchauffer la planète entière ?

On ne pouvait pas défaire nos sacs, vu qu'il n'y avait rien pour ranger nos affaires, et après un bon moment passé à nous écrouler, on ne savait pas trop quoi faire. Je m'étais souvent demandé ce que pouvaient bien branler les routards de toute leur journée, et voilà qu'à présent j'étais assis sur un pieu à Delhi, à me tourner les pouces. On était tous les deux tellement accablés par la canicule et tellement rétamés par le voyage, qu'on n'avait ni la volonté ni le courage d'aller voir dehors à quoi ressemblait l'Inde.

On n'était pas seuls dans la pièce. Il y avait un type allongé sur le dos dans son lit, les avant-bras redressés à l'angle droit, les mains en l'air et le regard dans le vide. On aurait dit qu'il lisait un livre, sauf qu'il n'avait rien dans les pognes.

« Salut, a dit Liz.

– Paix », il a répondu.

Elle a dit comme lui, « Paix », et il s'est redressé et l'a regardée d'un air lubrique.

« Comment tu t'appelles ? elle lui a demandé.

– J.

– J ? » j'ai répété d'un ton de voix trahissant l'antipathie qu'il m'inspirait déjà, ce qui était un fameux exploit, pour qui dispose d'une seule lettre comme indice.

« J… c'est sympa, a dit Liz, tentant de rattraper le coup.

– C'est quoi, ton vrai nom ? je lui ai demandé.

– Mon vrai nom ?

– Ouais. »

Ce type portait « tête-à-claques-de-collège-privé » en écriteau.

« J. » Il n'en démordait pas.

« C'est comme ça que tes parents t'appellent ?

– Non. C'est rien qu'une abrève pour Jeremy.

– Ouais, une abrève. Désolé, Jeremy. J'veux dire, J.

– Tu es d'où, J ? » s'est enquise Liz.

Il a ricané en la gratifiant d'un long regard chargé de sous-entendus, pendant qu'elle s'efforçait de cacher son trouble.

« Ça fait pas très, très longtemps que vous êtes arrivés, non ? »

Liz n'a pu s'empêcher de rougir d'un air de vierge effarouchée.

« Non, elle a répondu en triturant le drap de lit. On vient juste d'atterrir.

– Ça se voit.

– C'est peut-être les étiquettes de la compagnie sur nos sacs à dos ? » j'ai suggéré.

Il m'a ignoré. « Quand ça fait… plusieurs mois… qu'on est ici… c'est une question qu'on ne se pose plus… parce qu'on commence à appartenir à l'Inde autant qu'à sa terre natale.

– Exact, a dit Liz. Je comprends.

– À part ça, tu viens d'où, toi ? » j'ai demandé.

Il m'a encore ignoré.

« Angleterre ? j'ai insisté. Nous, on est anglais. »

Il a acquiescé d'un air contraint.

« Quelle région ? » J'allais pas le lâcher.

« Oh… le sud.

– Super. Nous aussi. Londres ?

– Non.

– Où, alors ? »

Il commençait à être furax. « Tunbridge Wells.

– Joli, j'ai dit. Tu dois halluciner, ici. J'veux dire, quand on vient d'un coin aussi bourge.

– Plus maintenant, plus maintenant, il a répété en regardant intensément Liz dans les yeux.

– Ça fait combien de temps que tu es là ? » elle lui a demandé.

Il a émis un petit gloussement. « Ohhh... assez longtemps. Assez longtemps pour adorer... et détester. Assez longtemps pour me demander si je pourrais jamais rentrer un jour.

– C'est quoi, “assez longtemps” ? Une semaine ? », j'ai hasardé.

Ça n'a pas eu l'heur de les amuser.

« T'as été malade, alors ? j'ai demandé.

– T'entends quoi par malade ? »

Il m'a regardé comme s'il venait de pondre une parole d'une formidable intelligence.

Je lui ai rendu son regard comme s'il avait lâché une niaiserie pas possible.

« Tu sais bien... la tourista. La chiasse, quoi.

– Écoute... si tu veux survivre dans ce pays... tu dois réviser tes classiques. Être malade, ça veut dire un truc en Occident, et un autre en Orient. Un Indien accepte son karma... c'est la lutte constante de l'Occidental contre son destin qui a créé un peuple d'hypocondriaques. Tout ça est tellement superficiel... pour moi, ça n'a aucune importance.

– N'empêche, tu bois pas l'eau du robinet », j'ai fait remarquer en désignant la bouteille d'eau minérale à côté de son lit.

Il m'a jeté un regard furieux, et Liz l'a imité.

« Ça t'ennuie pas que j'en boive une gorgée, Jeremy… pardon, J ? »

Il a hoché la tête.

Comme je n'avais pas envie de choper ses microbes, j'ai essayé de boire sans toucher au goulot, mais j'ai surtout réussi à m'arroser la chemise. Heureusement, ils ne me prêtaient pas attention.

Encouragé par Liz, J pérorait, racontant tous les endroits où il était allé, pendant qu'elle prenait des notes en poussant des « Waouh ! ç'a l'air génial ! » et « Je ne pense pas qu'on soit assez courageux pour ça », et « Tu le trouves où, exactement, le chamelier ? » Comme cette parlote se prolongeait au point de me filer la nausée, j'ai demandé à Liz de me suivre dans le couloir pour que je lui dise un mot.

« Pourquoi faut-il qu'on sorte ? elle m'a dit en levant à contrecœur le nez des cartes qu'avait déployées Jeremy.

– Parce que j'ai un truc à te dire.

– Mais…

– En privé. »

Elle a échangé un regard avec Jeremy et m'a suivi dans le couloir. Je n'ai pas eu le temps d'ouvrir la bouche qu'elle m'est rentrée dedans.

« Pourquoi es-tu si odieux ?

– Ce type est un trou du cul.

– Non, mais tu as vu comment tu lui parles ?

– Et après ? C'est un con.

– Si tu prenais la peine de parler avec lui, tu verrais qu'il est super sympa.

– J'en doute.

– C'est vrai. En plus, ça fait longtemps qu'il est en Inde, et il connaît plein de choses qui pourraient nous être utiles.

– C'est pour ça que tu lui fais du gringue ?

– Je lui fais pas de gringue.

– Si. Il te drague depuis que t'es rentrée dans la chambre, et t'es là à boire son baratin comme du petit-lait.

– Oh, lâche-moi.

– C'est la vérité, et une raison de plus pour moi de pas le blairer.

– Hé ! grandis un peu. »

Sur ce, elle est retournée dans le dortoir.

Je lui ai emboîté le pas en lui disant : « D'accord, reste ici autant que tu voudras, moi je vais faire un tour en ville.

– Quoi, ça ne t'intéresse pas de connaître les bons plans ?

– Ça me fascine, Liz. Vraiment. Mais il y a tout un monde à explorer, là-dehors. Tu ne peux pas passer ton temps à te planquer. »

Je suis sorti avec un sentiment de victoire, tout en me sentant plutôt crétin sur les bords.

Dehors, il faisait presque encore plus chaud que dedans. L'hôtel était situé dans une petite rue tranquille, et je me suis dirigé vers l'artère principale où le bus nous avait déposés. D'accord, j'ai pensé. Je foule le macadam indien, enfin ce qui en tient lieu. Je maîtrise la situation. Je m'en sors bien. Elles sont pas mal, ces maisons, là-bas. De toute évidence, ce pays n'est pas si pauvre que ça.

Et puis une gamine, qui, je dois le reconnaître, était assez cradingue, a surgi derrière moi et a commencé à me tirer par la manche en me fourrant sous le nez sa main libre.

Ça me rappelle, j'ai pensé, que je dois absolument changer de l'argent. « Non, désolé », je lui ai dit en continuant mon chemin.

La gosse n'a pas lâché mon bras et a continué de me coller.

« Non, désolé », j'ai répété.

Autant parler à une aveugle.

« Écoute, j'ai pas d'argent. »

Elle a tiré de plus belle en couinant un mot que je n'ai pas compris.

« PAS DE MONNAIE », j'ai gueulé en m'éloignant rapidement.

Cette peste devait maintenant trottiner pour rester à ma hauteur et me tapoter sur le bras à chaque fois qu'elle le pouvait. J'ai fini par m'arrêter. « ÉCOUTE… PAS DE MONNAIE… JE VAIS À LA BANQUE… PAS D'ARGENT. »

On s'est regardés. Elle n'a pas cillé. C'était clair, j'aurais beau faire, elle ne me lâcherait pas.

Je me suis remis en marche, aussi vite que possible sans courir, mais elle m'a suivi. Quand je me suis une fois de plus arrêté, elle m'a de nouveau tiré par la manche.

« Casse-toi. »

Elle n'a pas bougé.

« Fous-moi la paix. »

Elle a levé vers moi de grands yeux misérables. J'ai alors vraiment regretté de ne pas avoir de monnaie, en partie pour me débarrasser d'elle mais aussi parce que rien qu'à la regarder je me sentais comme le dernier des abjects. On aurait dit une pensionnaire de l'enfer qui avait mission de me hanter... me rappeler combien j'étais riche et chanceux et que je ne méritais rien de ce que je possédais.

Or, je n'avais pas du tout envie qu'on me rappelle combien j'étais riche et chanceux, surtout pas en ce moment où je me sentais particulièrement malheureux, piégé que j'étais sous une chaleur inimaginable dans un pays aussi crade et répugnant que menaçant, épinglé comme un papillon par une fillette de cinq ans qui en voulait à mon argent.

On s'est regardés une fois de plus. J'essayais de ne pas penser au genre de vie que cette môme devait mener mais, pendant un bref instant, j'ai imaginé qu'elle-même se demandait quel genre de vie je menais, moi. Une image de mon foyer a surgi dans mon esprit, et ça m'a filé le mal du pays, sans parler d'un regain de culpabilité.

« Va-t'en », je lui ai dit faiblement.

Elle n'a pas bougé. J'ai fait deux pas. Évidemment, elle m'a suivi. Évidemment, elle m'a tiré par la manche.

Exaspéré, je me suis retourné et je l'ai poussée, assez doucement pour qu'elle ne tombe pas mais assez fort pour la faire reculer de deux pas. Elle est restée là, à me regarder, les yeux comme des ventouses.

J'ai repris mon chemin et, cette fois, elle ne m'a pas suivi.

J'essayais de ne pas penser à ce qui venait de se passer. Il faudrait que je m'y habitue. Il devait bien exister un moyen de tenir les mendiants à distance. Les Indiens connaissaient certainement la méthode. Je n'aurais qu'à apprendre.

Je me suis de nouveau senti déprimé. Les cailloux étaient de retour dans mon estomac.

J'étais arrivé dans la grande rue. J'ai aperçu une banque sur le trottoir d'en face. J'ai traversé et je suis entré.

Ils l'ignorent

Quand je suis revenu à l'hôtel, j'ai trouvé Liz et Jeremy en train de se marrer, pelotonnés sur le lit autour d'une carte de l'Inde. Ils ont cessé de rire à mon arrivée et m'ont lancé des regards coupables, entrecoupés de ricanements gênés.

« Ça vous dirait d'aller manger un morceau ? je leur ai demandé.

– Pourquoi pas ? m'a répondu Liz avec un sourire faiblard qui disait t'inquiète-pas-il-s'est-rien-passé.

– Il y aurait pas un bon chinois dans le coin ? »

Ils m'ont regardé comme si j'avais dit une grossièreté.

« Je plaisantais.

– Ah, d'accord, a dit Jeremy. Je vois.

– Tu conseilles d'aller où ? a demandé Liz en faisant la moue.

– C'est pas les endroits qui manquent. Je suppose que vous voulez un végétarien.

– Bien sûr, a dit Liz.

– Mais t'as jamais été végétarienne, je lui ai fait observer.

– Je le suis depuis mon arrivée ici, elle m'a répondu. C'est le meilleur moyen de rester en bonne santé. Manger comme les gens du pays. De la nourriture indigène.

– C'est toi qui lui as mis ça dans la tête ? j'ai demandé à… J.

– Bien sûr. Tout le monde sait qu'ici, la viande n'est pas bonne. Il suffit de la voir traîner couverte de mouches sur les étals. Moi, de toute manière, je suis végétarien depuis l'âge de cinq ans. J'ai jamais pu encaisser la viande, et il m'a fallu des années pour oser l'avouer. C'est tellement ancré dans la culture occidentale qu'il y a pas de vrai repas sans rosbif…

– Tu es en train de nous dire que c'est imprudent de manger de la bidoche, ici ?

– Absolument.

– Et tu penses que je serais malade si j'en mangeais ?

– Ouais, c'est à peu près sûr.

– J'y crois pas ! T'es sérieux ?

– Évidemment.

– Dis-moi, tu plaisantes ?

– Non, c'est de notoriété publique.

– Allez, tu me fais marcher.

– Écoute… mange ce que tu veux. Je m'en tape. Mais ne compte pas sur moi pour t'emmener à l'hosto. »

On était à peine sortis de l'hôtel que la gosse qui avait essayé un peu plus tôt de me taper des thunes s'est mise à nous suivre en nous tirant la manche l'un après l'autre. On a marché sans mot dire pendant un moment.

Et puis, soudain, Jeremy a fait volte-face et, jetant un regard mauvais à la petite mendiante, lui a gueulé au visage : « NON ! PAS DE BAKCHICH ! »

La môme n'a pas bronché.

« PSSIITT ! PSSIITT ! » il lui a sifflé en moulinant des bras pour lui faire peur, comme si elle était un clebs dénué d'intelligence.

Puis il l'a attrapée par le bras et l'a secouée, une seule fois mais assez fort. Elle l'a regardé, toujours impassible, sans bouger d'un poil.

« PSSIITT ! » il a remis ça.

Cette fois, elle a obéi et s'en est retournée à son poste de guet devant l'hôtel.

On s'est tous les trois remis en marche dans un silence gêné. J'étais choqué par la dureté de cœur de Jeremy. L'expression de ma tronche ne lui a pas échappé, et il a eu un petit gloussement qui signifiait... t'es-qu'un-gros-naïf-et-moi-j'suis-à-la-coule. « Ces gosses ne sont pas des vrais mendiants, il a commenté. Ils prennent pour cible les hôtels de touristes. Vous ne verrez jamais un Indien leur donner quelque chose.

– Moi, j'ai eu comme l'impression qu'elle mendiait, j'ai dit. Avec ça, elle est pas très grassouillette, non ?

– Ils sont contrôlés par des gangs qui leur piquent tout ce qu'ils récoltent.

– Quoi, il leur reste rien, aux mioches ?

– Bien sûr que non. Tout est contrôlé par des maquereaux.

– Et il leur arrive quoi s'ils ont pas fait un sou de toute la journée ?

– Oh, je m'en fais pas pour ça, il a dit avec son petit rire suffisant. Ils s'en foutent plein les fouilles. Le premier abruti au cœur tendre tout juste descendu de l'avion leur filera à tous les coups cinquante roupies, parce qu'il ne sait rien de ce pays. C'est ce que gagne en moyenne le père d'un de ces moutards en une semaine de dur labeur. C'est terrible. Les touristes qui se comportent comme ça bousillent complètement l'économie locale. Et les gniards deviennent affreusement collants. Ça devrait pas être permis. »

Ce type était un facho. Un hippie facho.

« Mais on peut pas traiter les gens de cette façon », je lui ai dit.

Il a ri. « C'est le seul moyen de survivre. Si tu te laisses emmerder par tous les mendiants, tu finiras par te flinguer. Tu dois te défaire de tes préjugés occidentaux sur la richesse matérielle et aborder la situation comme les Indiens.

– Et comment ils l'abordent, la situation, les Indiens ?

– Ils l'ignorent. »

Jeremy prenait son pied. Il se trouvait très spirituel.

« Crois-moi, d'ici quinze jours, tu ne feras même plus attention aux mendiants, il m'a prédit.

– Comment tu fais pour ne pas voir quelqu'un qui te lâche pas d'une semelle et te retient par le bras ?

– Tu l'ignores. Mais d'abord tu dois prendre un air inflexible, un air que les mendiants repèrent, et alors ils te laissent tranquille, parce qu'ils savent qu'ils n'existent pas pour toi et que tu ne leur donneras rien.

– Alors, pourquoi elle t'a abordé, la fille ?

– C'est pas à moi qu'elle en avait, mais à vous deux. Si je me suis débarrassé d'elle, c'était pour vous rendre service. Et puis ici, à Delhi, c'est différent. Ils sont mieux organisés.

– Et tu penses, a dit Liz, que d'ici quinze jours ils cesseront de nous ennuyer ?

– Je vous le garantis. Ils arrêteront dès que vous arrêterez d'avoir peur d'eux.

– Il suffit de s'endurcir un peu, quoi, a dit Liz.

– Tout à fait. On est beaucoup trop gâtés en Occident. C'est l'un des bons côtés d'un voyage en Inde… tu es confronté à des trucs horribles et tu développes une carapace.

– Et c'est bien d'avoir une carapace ? je lui ai demandé.

– Écoute, si tu ne t'immunises pas, tu ne seras jamais heureux ici, il m'a répondu avec un soupir, soudain lassé de cette conversation. C'est aussi simple que ça.

– Tu as raison, a approuvé Liz. Tu as complètement raison. »

J'ai vu la ride soucieuse déserter son front, alors qu'elle se composait une nouvelle expression, le menton projeté d'un cran en avant et les yeux plissés comme des meurtrières.

Liz avait entrepris de se cuirasser.

Ça promet, j'ai pensé. Déjà qu'elle est un vrai dragon !

Au restaurant, à part un machin ou deux, rien ne me tentait vraiment. « T'es sérieux à propos de la viande ? T'essaierais pas de me convertir, par hasard ?

– Écoute, j'en parle plus. Mange ce qui te fait plaisir, moi je m'en branle, m'a répliqué Jeremy.

– J'peux pas croire que j'ai fait tout ce chemin jusqu'en Inde et que je puisse même pas me taper un curry.

– Mais rien ne t'empêche de prendre un curry, a dit Liz. Un curry végétarien.

– Un curry végétarien, c'est pas un curry. C'est rien qu'un foutu accompagnement. »

Ils n'ont pas relevé.

« Comment t'as trouvé ce resto ? a demandé Liz au guide suprême.

– Oh, j'y suis venu plein de fois. J'peux même dire que je l'ai déniché. Il est pas dans le bouquin ni rien.

– Quel bouquin ?

– Ben, le bouquin. Il y en a qu'un de valable. La bible du routard, quoi.

– Nous, on a le *Lonely Planet*, elle a dit. C'est celui-là, le bon ? » Son visage trahissait soudain une vive anxiété.

« Non, ce n'est pas le bon. » Il a marqué une pause, ménageant son effet. « C'est le seul. »

Liz a poussé un grand soupir de soulagement.

« Si c'est pas dans la Bible, comment ça se fait qu'il y ait autant de Blancs ici ? j'ai demandé.

– Bouche à oreille.

– Et comment ça se fait que la carte soit traduite en anglais ? »

Liz s'est énervée. « T'arrêtes de faire la gueule à quelle heure ?

– Je fais pas la gueule.

– Si ça te plaît pas, fallait pas venir.

– Mais ça me plaît. Faut seulement que je m'habitue.

– Alors, cesse un peu de te plaindre et fais un effort.

– Je ne me plains pas.

– Si, tu te plains. Et tu es très agressif envers Jeremy, j'veux dire, J.

– J'suis pas agressif.

– Si, tu l'es.

– J… tu me trouves agressif ?

– Je pense que tu dois te sentir menacé. C'est parfaitement naturel.

– Menacé ? Par qui ? Par toi ? Tu me files la gerbe, mais sûrement pas la frousse.

– Arrête, Dave, c'est pas drôle, a dit Liz.

– T'es qui, toi ? Mon chaperon ou quoi ?

– Tu vas te tenir, oui ?

– Allez, Liz, sois pas…

– Tu as fini ?

– Putain, grave. D'accord, d'accord, je suis désolé et j'vais bien me tenir. »

Liz m'a jeté un regard punitif et puis elle a appelé le serveur d'un claquement de doigts.

« Garçon, on est prêts à commander.

– Non, on l'est pas. »

Elle m'a regardé, l'air furieuse.

« Quoi ? Je me plaignais, là ? »

Elle était hors d'elle.

« Très bien. Désolé d'avoir parlé. Finalement, j'prendrai comme vous.

– Original, il n'y a pas à dire », elle a dit, venimeuse, et elle a commandé quelque chose à base de lentilles.

Un grand moment que ma première bouchée indienne. J'ai commencé par quelques grains de riz. Ç'avait l'air d'aller. Ç'avait un goût de riz. Puis je suis passé au plat de lentilles, mastiquant lentement au début, au cas où je tomberais sur un caillou international. C'était plus pimenté que la plupart des currys que j'avais mangés mais c'est passé plutôt facilement et sans provoquer de rejet brutal.

Inquiet comme je l'étais, je n'avais pas beaucoup d'appétit, mais je me suis forcé à avaler presque tout ce qu'il y avait dans mon assiette dans l'espoir que cela me remonterait le moral. Pour le dessert, on a pris chacun un cacheton contre le palu.

Sur le chemin du retour, juste avant qu'on arrive à l'hôtel, on a été abordés par la même petite mendiante. Après ses déboires avec Jeremy et moi, elle a choisi Liz comme cible.

La nouvelle Liz endurcie n'a pas perdu de temps et, après un premier et timide tiraillement de sa manche, elle s'est retournée comme une furie, a chopé la gamine par l'épaule et lui a gueulé, « NON, PAS D'ARGENT. VA-T'EN ! » en la secouant pour faire bonne mesure. La fillette, manifestant un talent nettement supérieur au mien pour détecter les psychopathes, n'a pas demandé son reste et a disparu pronto.

Liz a repris d'un pas martial la direction de l'hôtel, la victoire poinçonnée au menton. Il n'était pas besoin d'être sorcier pour lire dans ses pensées. *Dave ne maîtrise pas. Il rame. Mais moi, je m'en tire bien. J'assure.*

Pendant un instant, j'ai senti l'arrière-goût de caoutchouc brûlé du cachet anti-palu au fond de ma gorge. Toute cette histoire n'irait sûrement pas loin.

C'est pas une obligation, tu sais

Ça faisait seulement quelques mois que j'avais fait connaissance avec Liz. C'était juste avant Noël, et on était quelques copains du lycée, tous en année sabbatique avant l'entrée à la fac, à s'être réunis pour un pot d'adieu. La bande allait éclater, la plupart d'entre nous se tirant en voyage quelque part au bout du monde.

James (officiellement mon meilleur ami, mais on s'était réciproquement tapé sur les nerfs pendant les trois dernières années) s'est pointé avec Paul, et sa nouvelle conquête, Liz. J'ai pas trouvé ça franchement réglo de sa part. On n'a pas envie d'une nouvelle tête quand on est là entre vieux copains, tous vachement émus de se dire au revoir. C'est gênant.

« Vous vous connaissez ? » il a dit, faussement désinvolte. On ne risquait pas d'avoir oublié, lui et moi, qu'il m'en avait parlé en détail et sur toutes les coutures de sa Liz, tout en se gardant bien de me la présenter. Au point que je m'étais dit qu'il avait honte d'elle, parce qu'elle n'était pas la beauté tuante qu'il prétendait. Un seul coup d'œil a explosé cette théorie. Elle était super-canon. Et exactement comme il me l'avait décrite. J'en ai sur-le-champ déduit que s'il ne nous avait pas mis en présence, c'était plutôt parce qu'il avait honte de moi, et mon narcissisme en a pris un coup.

« Euh… j'pense pas, j'ai bafouillé.

– Liz. Dave.

– Salut, elle a dit en m'offrant une joue pour la bise. (Une peau incroyable, en plus.)

– Et est-ce que je t'ai présenté celles-là ? » a ajouté James en reculant d'un pas pour me montrer l'une des deux paires jumelles de brodequins en cuir fauve dont Paul et lui étaient chaussés.

« Putain, c'est quoi, ça ? j'ai dit.

– Chaussures de randonnée, zéro kilomètre aux semelles, a répondu James. On a terminé nos emplettes. Regarde. » Il a soulevé un énorme sac plastique du magasin Terre Sauvage pour la poser sur la table, et on s'est tous assis.

« Sac à dos, ceinturon avec compartiment secret pour le fric, baume anti-moustique, aérosol anti-moustique, gel anti-moustique, cachets pour purifier l'eau… quatre boîtes, trousse de toilette… quatre tubes de… »

Pendant que le tas de camelote grossissait, j'ai coulé un regard discret vers Liz. Les lèvres pincées, elle plissait légèrement les yeux ; bref, elle faisait la gueule. James, voyez-vous, partait pour un long voyage avec Paul (son copain de toujours et docile laquais), alors que Liz se retrouvait coincée à Londres à suivre un cours d'initiation aux beaux-arts.

« ... petit nécessaire à coudre, torche waterproof, chaussettes spéciales transpiration, couverture de survie en nylon, boussole et... merveille des merveilles... »

James brandissait une enveloppe plate de plastique noir.

« C'est quoi ?

– Ta-ta-ta-tan ! » Et d'extraire de la petite housse un carré de papier plastifié qu'il déplia avec mille précautions, révélant une carte du monde.

La dernière chose que j'avais envie de voir, c'était bien une carte du monde, car à tous les coups il allait me gaver d'un nouveau compte rendu des dernières et insignifiantes modifications de ses futures pérégrinations. Une tactique de diversion s'imposait.

« Des chaussures de randonnée, hein ? À quoi ça pourrait bien te servir ?

– À crapahuter, pardi. On fait un trekking au...

– Et depuis quand tu randonnes ?

– Depuis toujours.

– Mes couilles. T'as toujours eu en horreur les balades à pied et la campagne. Tu trouves ça chiant.

– C'est de l'Himalaya qu'on parle, Dave. C'est pas vraiment la cambrousse.

– Que si, en version géante.

– David... c'est des pics de huit mille mètres de haut qui nous attendent. Sais-tu combien de montagnes dans le monde font huit mille mètres de haut ?

– Non, et j'veux pas le…

– Six.

– Sept, a dit Paul.

– Il y en a six.

– Non, sept.

– Six. »

Je me suis tourné vers Liz. « Fascinants, ces deux-là, hein ? »

Elle m'a répondu d'un haussement d'épaules et d'une moitié de sourire.

« James, j'ai dit, interrompant leur querelle de chiffres, vous nous les gonflez, Paul et toi. Discutez-en entre vous de votre voyage, d'accord ? Il y a deux autres personnes à cette table, et elles préféreraient ne pas s'endormir, alors si on oubliait les cimes ?

– Ah-ah ! a fait James.

– Ça veut dire quoi, "ah-ah !" ?

– Ça veut dire… ça veut dire… que c'est pas très élégant.

– Élégant, tu dis ?

– Je parle de… cette espèce de jalousie déclarée… et je trouve ça un peu gênant.

– Oh, je vois. C'est pas de l'ennui que m'inspire votre… balade à pinces, mais de l'envie.

– Exactement.

– Et tout au fond de mon cœur, je meurs d'apprendre combien il y a de collines plus grandes qu'un tas d'autres collines.

– Dave… tu supportes pas de nous entendre parler de notre expédition parce que ça te rappelle que t'es en train de gâcher ton année. Et tu la gâches parce que t'as rien organisé, et t'as rien organisé parce que t'as bien trop la trouille d'entreprendre un voyage.

– Détrompe-toi, moi aussi, je pars.

– En Suisse ?

– Ouais.

– Oh, quelle audace ! Tu risques vraiment de te rompre les os, là-bas ! Serveur dans un hôtel suisse ! Quelle aventure !

– Qu'est-ce que tu peux être con, James.

– Et puis fais gaffe à l'hygiène, là-bas. Elle est mortelle.

– James, tu deviens ennuyeux. » Liz volait à mon secours. « Peut-être que David veut apprendre le français. Ou l'allemand. Dans quelle région de la Suisse vas-tu ?

– Du côté francophone, près de…

– T'as envie d'apprendre le français, David ? a dit James, railleur. On veut étoffer son petit CV ? »

Je me suis senti rougir.

« Tu es jaloux et trouillard, il a continué. T'as pas le cran de partir quelque part parce que tu te sens incapable de survivre dans… dans une culture différente.

– Bien sûr que je pourrais survivre.

– Alors, pourquoi tu le fais pas ?

– Parce que…

– Tu pourrais pas le lâcher un peu ? est intervenue Liz. Tout le monde n'est pas comme toi, James. C'est son droit de ne pas avoir envie de voyager. C'est pas une obligation, tu sais. »

Et voilà ! C'est à cet instant même que je suis tombé amoureux d'elle. Plus exactement, que j'ai commencé de tomber amoureux.

James, un rien penaud, a grimacé un sourire. Ça lui plaisait pas du tout de se faire rabrouer en public par sa fiancée. (Ça prouve quel trou du cul il est.) « Ouais, bien sûr, mais toi-même tu partirais bien, si t'étais pas coincée avec tes beaux-arts.

– Je ne suis pas coincée avec mes beaux-arts. Si j'ai choisi de suivre ce cours d'initiation, c'est que j'en avais envie.

– D'accord, mais si tu avais le temps, tu irais faire un tour en Asie ou autre, non ?

– Peut-être bien que j'irais faire un tour en "Asie ou autre", comme tu dis. Il me reste les vacances d'été pour ça.

– Je sais, on en a déjà parlé. Ce que je voulais te dire, c'est que tu aurais toute une année comme Dave, tu perdrais pas ton temps à traînasser en Europe.

– Et moi, ce que je voulais te dire, c'est d'arrêter ton cinéma. On sait tous où tu vas et on pense que c'est très intelligent et très courageux de ta part. Alors, parle-nous d'autre chose. »

Un silence est tombé. Ils se sont regardés l'un l'autre. James avait les veines toutes gonflées sur les tempes. Moi, je buvais du petit-lait.

« Je vais chercher d'autres verres ? a proposé Paul en toussotant. Qu'est-ce que vous... ? Euh... la même chose, non ? Alors... j'y vais. »

Paul est allé au bar, ses chaussures de trekking couinant du cuir. James et Liz ont poursuivi leur échange de regards.

« Faut que j'aille pisser, j'ai dit en me levant. Oh, et puis non, ça peut attendre. » Je me suis rassis, m'efforçant de contenir un ricanement diabolique. James m'a jeté un coup d'œil meurtrier. J'ai haussé les épaules, feignant de ne pas comprendre ce qu'il me voulait. Puis, tournant la tête, j'ai remarqué que Liz aussi se retenait de se marrer, mais avec beaucoup moins d'efficacité que moi. À la vérité, un sourire moqueur dansait sur ses lèvres, et il ne s'adressait pas à James, mais à moi.

« Combien de temps prévois-tu de rester en Suisse, Dave ? elle m'a demandé.

– Oh, juste la saison de ski. À peu près quatre mois.

– Avec le docteur Livingstone ici présent qui s'en va, ma vie mondaine va en prendre un sérieux coup. Appelle-moi à ton retour, tu veux bien ? »

Rétrécissement du champ visuel. Accélération du pouls. Sueur froide. « Euh... ouais. Mais... j'ai pas... ton...

– Je vais te le donner. » Elle a sorti un stylo de son sac et a noté son téléphone sur un dessous de bock.

« Merci. » Je lui ai souri, et elle m'a répondu d'un battement de paupières. J'ai souri à James, mais il semblait soudain présenter les symptômes d'une grippe carabinée et une soudaine incapacité à regarder quiconque en face.

Je sais bien que c'est mal de parler ainsi de ses amis, mais pendant des années j'avais eu le sentiment que James prenait toujours le pas sur moi. Rien de bien méchant, mais une accumulation de petits riens qui lui donnaient toujours l'avantage. À présent, avec ce rond de carton dans ma fouille, je sentais pour la première fois depuis l'âge de quinze ans, que je venais de la lui ravir, sa première place sur le podium.

Je suis rentré chez moi sans toucher le macadam, mes doigts caressant toutes les dix secondes le petit dessous de bock si doux et feutré au toucher dans la poche revolver de mon blue-jean.

Tu aimerais qu'on sorte ensemble ?

J'avais passé la première moitié de mon année à travailler chez Sock Shop, à King's Cross. Quand on bosse dans une boutique de fringues, on ne fait rien d'autre que replier ce que les clients ont déplié. Ce qui fait de Sock Chop un drôle d'endroit pour un boulot, parce que ça ne se plie pas, une paire de chaussettes. Votre vie finit par perdre son sens au point qu'on en vient à se demander si on est encore de ce monde. Après ça, on commence même à douter de l'existence de la chaussette.

La plupart de mes amis avaient fait des petits boulots semblables (quoique moins surréalistes), et ils claquaient maintenant leur argent en Inde, dans le Sud-Est asiatique ou en Australie. En vérité, tous avaient de grandes idées quant à la nécessité de « se trouver soi-même », selon la sibylline formule, en s'en allant fouler la poussière de l'autre côté de la planète dans un trou miteux frappé de famine, adossé à un flanc de colline infesté par la malaria. Chacun semblait croire que de longues et pénibles vacances étaient d'une importance capitale dans son développement personnel.

À ce moment-là, je n'avais toujours pas décidé de ce que je ferais à mon retour de Suisse, mais j'avais toutefois la quasi-certitude que je n'irais pas traîner mes baskets dans ces paradis pour microbes. Fondamentalement, je déteste être malade, et je ne voyais aucun intérêt à m'expédier port payé en terre de dysenterie et de pire encore. Je ne voyais pas non plus ce qu'on pouvait bien foutre de ses journées dans des villes trop pauvres pour s'offrir un musée. Non pas que je sois fana des musées – un peu de tourisme, c'est pas mal pendant un moment, voire quelques semaines – mais comment s'occuper quand il n'y a rien à voir ? Glander du matin au soir à photographier des miséreux et à ingurgiter une bouffe dégoûtante qui va vous bousiller le foie pour le restant de vos jours ? Je repose donc la question : à quoi passer son temps ?

La réponse la plus éloquente, je la tenais de Paul. « Sais pas, il y a sûrement quelque chose à faire. Paraît que la dope coûte trois fois rien, là-bas. » Son ami James venait de se lancer dans une interminable théorie où il était question des préjugés culturels impérialistes et de l'opportunité en terre étrangère de pouvoir remettre en question les valeurs de l'Occident, mais je voyais bien, moi, qu'il voulait seulement dire : « La dope coûte trois fois rien, là-bas. » Et puis, le premier qui parle d'épousseter ses préjugés culturels et file en

Thaïlande, celui-là tient un discours qui n'est qu'un chapelet de pets.

Tout de même, j'avais beau me dire que tout cela ne rimait à rien, j'étais tiraillé. À chaque fois que je m'interrogeais sur mon désir de me cantonner en Europe, je devais m'avouer que seule la trouille, et rien d'autre, en était la cause. Autrement dit, c'était par pure lâcheté que je repoussais l'idée de partir quelque part dans le tiers-monde.

Au fond de moi, j'attendais qu'il se passe quelque chose qui me pousserait vers l'un de ces pays de souffrance, de misère et de danger, sans devoir en prendre l'initiative. La souffrance, la misère et le danger, passe encore, mais la crasse et la maladie, c'est une tout autre affaire. Pas question d'aller flirter avec les germes au pays des mains sales.

Quant à ce que je déciderais à mon retour de chez les Suisses, j'étais déprimé rien que d'y penser. Je serais alors bourré de thunes, et l'obligation de voyager serait plus forte que jamais. Il me faudrait un moyen de claquer mon fric d'une manière qui ne passerait pas trop pour une dérobade.

Mon boulot en Suisse a été aussi morne que celui du Sock Shop, l'ennui alpin différant de son pendant londonien par le seul fait que l'air y est franchement moins pollué. Comme je n'avais pas rencontré de riche héritière en chaleur n'ayant plus que quelques mois à vivre, j'ai regagné l'Angleterre sans savoir encore ce que j'allais faire de ma peau pendant le reste de mon année. On était maintenant en mars, et tous mes copains étaient soit à l'étranger soit déjà en fac.

Après avoir feuilleté en vain plusieurs fois de suite mon carnet d'adresses, j'ai dû me rendre à l'évidence : une action radicale s'imposait si je ne voulais pas mourir de solitude. J'ai ressorti le dessous de bock et considéré longuement le numéro de Liz.

Pendant plusieurs jours, chaque fois que je passais à portée d'un téléphone, mon cœur battait un peu plus vite. Mais je ne pouvais me résoudre à appeler.

Je composais la moitié des chiffres, effectuais plusieurs fois le tour de la maison, reformais une partie du numéro, sortais acheter du lait ou le journal, pianotais une fois de plus sur le combiné, allais faire un tour dans le jardin. Ce manège a duré tous les jours pendant une semaine. À la fin, j'en ai eu marre. Je l'ai appelée.

« Allô… pourrais-je parler à Liz, s'il vous plaît ?

– C'est elle-même.

– Oh. »

Je ne savais plus quoi dire. D'ailleurs, qu'est-ce qu'on peut dire dans ce genre de situation ?

« Salut. »

C'était un bon début.

« Salut. Qui est à l'appareil ?

– Euh… c'est moi. Dave. Dave Greenford. Le copain de James.

– Dave ! Merde… ça fait plaisir de t'entendre. Comment ça va ?

– Très bien, très bien.

– Alors, qu'est-ce que tu as fait de beau ?

– Oh… tu sais, ceci et cela. Je reviens juste de Suisse.

– Ah oui, c'est vrai. Comment c'était ?

– Merdique. C'est rien que des branleurs.

– Vraiment ?

– Et comment.

– Quoi ? Tous ?

– Tous ceux que j'ai rencontrés.

– C'est vraiment pas de chance.

– Disons que c'est plutôt une certitude statistique.

– Exact. Je vois que tu t'es réellement immergé dans la culture locale.

– À fond. Tyrolienne, fromage qui colle et pendule à coucou. Que demander de plus ?

– Tu dois avoir hâte d'y retourner, alors ?

– M'en parle pas. Mais… et toi, tu as fait quoi ?

– Rien, à part m'ennuyer à crever.

– À crever ? dis donc, ça m'a l'air sérieux.

– Tout le monde est parti. Toutes mes amies ont bel et bien disparu de la surface de la terre.

– Je suis bien content d'entendre ça, parce que j'ai le même problème, figure-toi. C'est tragique. Pas un seul pote qui soit pas aux antipodes. Ma vie sociale est celle d'un asticot.

– C'est marrant, j'aurais pensé que les asticots étaient très sociaux, elle a dit. Je veux dire qu'on a jamais vu un asticot solitaire, non ? À part le ver du même nom. »

Putain, la pertinence d'une réplique pareille, je me suis dit. Ça m'a mis le feu aux joues. C'était reparti. Je venais de retomber amoureux d'elle.

« Surtout si tu imagines un asticot qui bégaie et qui a de l'acné, j'ai dit.

– Un asticot handicapé du tortillement. »

Incroyable, cette complicité spontanée ! Sous nos yeux, un lien était en train de naître.

« Imagine-toi en asticot paraplégique, j'ai repris. Tous les autres te feraient la gueule.

– Crois-tu qu'il puisse y avoir un asticot vraiment sexy, un qui allume un max en gigotant ? »

J'étais cloué de désir.

« Dis-moi, Liz... tu fais quoi ?

– C'est-à-dire ?

– Euh... je sais pas... tu... tu fais quelque chose, cette semaine ?

– Tu me proposes de sortir avec toi ?

– Non, non, non, c'est pas ça... je me demandais seulement si on pouvait pas aller boire un verre ou...

– C'est bien ce que je disais... tu aimerais qu'on sorte ensemble.

– Mais pas du tout, je...

– Arrête de te justifier, andouille. Je te fais marcher. Tu es le copain de James, et tu ne vas tout de même pas me sauter dessus sitôt qu'il a le dos tourné, non ? »

J'ai gloussé bêtement.

« Vous êtes toujours ensemble ?

– Bien sûr. Écoute... j'ai rien à faire de toute la soirée. Veux-tu qu'on se voie à Camden vers huit heures ?

– D'accord. Ouais. Super.

– À la sortie du métro.

– Il y en a deux, de sorties.

– Disons, la principale.

– Elles sont toutes les deux les mêmes.

– Alors, disons la plus belle. »

Merde, jamais personne ne m'avait manœuvré de la sorte, j'ai pensé, quand elle eut raccroché. Normalement, j'aurais passé vingt bonnes minutes à négocier un lieu de rendez-vous à ma convenance, et elle... putain de sort ! C'était hallucinant.

Une autre pêche bien juteuse

J'étais en retard au rendez-vous à la station Camden, mais Liz était encore plus à la bourre. Je ne l'avais jamais remarqué mais l'une des bouches était un poil moins moche que l'autre, et c'est par celle-ci qu'elle est sortie.

On est allés dans un pub, le World's End, et j'ai commandé une Guinness dans l'espoir que ça me donnerait un vague air intello.

C'était la première fois qu'on se retrouvait seuls ensemble, et une fois qu'on s'est assis avec nos verres, il s'est avéré qu'on n'avait pas grand-chose à se dire. Notre seul lien s'appelait James. Je ne tenais pas spécialement à encourager Liz à parler de lui, mais je ne voulais pas non plus que le silence s'éternise, aussi dès que le premier bâillement a menacé de nous engloutir, j'ai paniqué et choisi la facilité.

« Des nouvelles de James ?

– Ouais, un tas. Il a l'air d'aller bien. Au début, je recevais une lettre tous les trois jours, et puis le débit s'est tari. Ça fait maintenant deux semaines que j'ai rien eu.

– Il est parti quand ?

– En janvier.

– Merde... trois mois déjà.

– Et cinq de plus à venir.

– J'ai jamais réalisé qu'il était parti pour si longtemps.

– À qui le dis-tu.

– C'est vachement long, huit mois. Tu crois pas qu'il en aura marre à la fin ?

– Marre de quoi ? Tu crois qu'il aura fait le tour de tout ce qu'on peut visiter en Thaïlande, à Hongkong, à Bali, et en Australie en huit mois ?

– Non, bien sûr, c'est juste que... huit mois loin du pays, ça fait un sacré bail. Plus de Marmite[1]. Plus d'East Enders[2]. De la bière chaude.

– De la bière chaude ?

– Ben ouais, enfin peut-être pas en Australie.

– J'espérais entendre que je lui manquerais aussi.

– Bien entendu. Toi aussi. Huit mois...

– C'est déjà assez dur.

– Et tu t'en fiches qu'il se tire comme ça et te laisse seule pendant tout ce temps ?

– Il ne s'est pas tiré. C'est son année sabbatique, merde. Je ne pourrais jamais fréquenter un type dont

1. Pâte crémeuse à tartiner.
2. Célèbre feuilleton télé.

l'idée du plaisir serait de passer son année à jouer les gratte-papier dans un bureau.

– Naturellement. Mais t'as pas eu envie de partir avec lui ?

– Si j'en ai eu envie ? Évidemment. Crois-tu que je préfère être dans un pub avec toi plutôt que sur une plage en Thaïlande avec James ?

– Ah ! vu sous cet angle…

– Et puis j'ai aussi des obligations personnelles. Je ne peux pas m'en aller comme ça. Je suis en plein milieu de mon cours.

– Ah ouais, j'avais oublié. Tout de même, il aurait pu attendre. J'veux dire, tu as toujours tes vacances d'été, non ?

– Ça fait des années qu'il projette de faire ce voyage. Bien avant qu'il me rencontre.

– Alors, ça t'est égal ?

– Ça ne m'enchante pas de me retrouver seule pendant toute une année, mais James a fait ce qu'il devait faire.

– Devait, tu dis ?

– Oui, devait.

– Pourquoi il le devait ?

– Parce que. C'est comme ça qu'il le sentait.

– Et dans quel but… se trouver lui-même ?

– Tu es tellement cynique à ce sujet. C'est quoi, ton problème ?

– J'ai pas de problème. Je pense seulement que… qu'il ne te traite pas comme il devrait. »

Elle a ri et secoué la tête. « T'es marrant. »

Je lui ai souri. « Pourquoi ?

– Eh bien… tu es doublement jaloux de James, parce qu'il est parti en voyage et parce qu'il m'a, moi. Et dire que tu es censé être son ami. Si c'est là ta conception de l'amitié… »

C'était ça qui me rendait marrant à ses yeux ? Bizarre.

« Je ne pense pas que tu réalises quel type de relation j'ai avec James, elle a repris. On est plus des gosses en train de se bécoter derrière le garage, tu sais.

– Vous êtes des grands gosses.

– Peut-être, mais encore une fois on ne se bécote pas derrière le garage. On fait l'amour. »

Elle a dit ça rien que pour me faire peur. Il n'y avait vraiment aucune raison de balancer un truc pareil.

« J'suis très impressionné.

– Dave… comprends-tu ce que je te dis ? C'est une vraie relation. Une histoire d'amour.

– D'accord, d'accord, d'accord. J'ai compris. Changeons de sujet, tu veux bien ? »

Il y a eu un long silence, pendant lequel j'ai évité son regard.

« Tu sais quoi ? elle a dit enfin.

– Quoi ?

– Le plus drôle c'est…

– Oui ?

– C'est qu'on en a parlé avant son départ.

– De moi, tu veux dire ?

– Non, de ça.
– Mais encore ?
– De l'infidélité.
– Oh !
– Et on a décidé…
– Oui ?
– Tu sais, lui et moi, ça fait, quoi, cinq mois qu'on est ensemble. Maintenant, il est parti pour huit mois, et on a pensé que… qu'il y a des choses contre lesquelles on ne peut rien.
– Quelles choses ?
– Tu sais bien… quoi qu'il arrive, quand il reviendra, la situation ne sera plus tout à fait la même. On aura sûrement du mal à reprendre notre relation comme si on s'était quittés la veille.
– Et alors ?
– Alors, on s'est dit que le mieux était de suivre son instinct. On a tous les deux reconnu qu'en partant si loin et pendant si longtemps il y avait de fortes chances qu'il succombe à la tentation, et que plus le célibat nous pèserait plus les choses seraient difficiles. Bref, on a admis que plus la tentation serait forte, plus il y aurait de risques qu'on soit infidèles.
– C'est un peu confus, je lui ai dit. Tu pourrais pas être plus… explicite ?
– En résumé, on a décidé l'un et l'autre d'être un peu plus ouverts aux… choses, et que s'il arrivait que… ma foi, ce ne serait pas la fin du monde. Bref, on a conclu qu'on n'irait pas à l'encontre de nos désirs.

– Et c'est quoi, ton désir ? »

Je m'efforçais, debout sur le frein, de ne pas sourire.

« Franchement, j'en sais rien. Mais James et moi, on… on prenait vraiment notre pied, tu sais. Oui, vraiment, c'était toujours tellement bien. Enfin… peut-être pas au début… parce qu'il savait pas trop… comment faire, quoi, mais une fois qu'on a été, disons, rodés, on s'est bien marrés. Et puis, jusqu'à ce qu'il s'en aille, on était tout le temps ensemble. Je vivais pratiquement avec lui. Enfin, il me lâchait plus et, pour être franche… » Elle a gloussé et légèrement rougi. « Écoute… je peux te dire la vérité ? Eh bien, on devient accro. »

Elle a laissé ça à mûrir devant nous sur la table.

« Ça fait trois mois, maintenant, et je dois dire que ça me rend… tu sais bien… presque folle. »

Et une grosse pêche de plus, bien juteuse et prête à craquer. J'étais très, très excité.

« Et puis ? j'ai demandé.

– Et puis quoi ? »

Elle n'avait pas l'air de comprendre où je voulais en venir.

« Pourquoi tu me racontes tout ça ? je lui ai demandé, l'œil salace.

– Oh, parce que je trouve tout ça tellement drôle.

– Qu'est-ce qui est drôle ?

– Toi, la situation.

– Qu'est-ce qu'on a de rigolo, la situation et moi ?

– Ben quoi, tu es là, à me faire un gringue hilarant, et si tu n'étais pas… qui tu es… je dirais pas non, quoi ! Rien que pour me purger le système.

– Attends, qui je suis ? Qui je suis ?

– Le copain de James.

– On s'est rencontrés par son entremise. Et après ?

– Et après ?

– Il est parti. Il sera pas de retour avant des lunes et des lunes.

– Merde, tu n'as peut-être aucun scrupule, mais pour moi ça fait une foutue différence. Et puis ce serait mal, de toute façon.

– Pourquoi ?

– Parce qu'on est des amis, non ?

– Oui.

– Donc, ce ne serait pas bien. Tu sais, si tu étais un type que je rencontre pour la première fois, on pourrait… tu sais… crac-crac, merci mille fois, et au revoir. Mais on est amis, et ça ne pourrait pas marcher.

– Pourquoi pas ?

– Ça ne pourrait pas, j'te le dis. »

C'était ce qu'on appelle une mauvaise nouvelle. J'ai sorti ma mine de chien battu. Liz a lâché un rire moitié soupir et m'a pincé le genou pour me consoler. Tu parles d'un lot de consolation.

« Écoute, aurais-tu oublié ce qu'on s'est dit au téléphone ?

– Qu'est-ce qu'on s'est dit ?

– Que tous nos amis étaient soit partis au diable soit à la fac et qu'on était coincés. Tu sais, je suis contente que tu sois revenu de Suisse. C'est bon d'avoir quelqu'un avec qui parler. C'est qu'une bande de petits merdeux, aux Beaux-Arts. On rigole bien ensemble. Je ne voudrais gâcher ça pour un coup vite fait.

– Je comprends. »

Elle m'a tapoté la cuisse, cette fois.

J'aurais donné n'importe quoi pour un coup vite fait, et qui a dit que ça devait se faire vite, de toute façon ?

Sa définition de l'expression « ça me rend folle » n'était évidemment pas la même que la mienne.

Pourquoi en Inde ?

Au cours des semaines suivantes, j'ai vu Liz de plus en plus souvent et j'ai commencé à comprendre contre tout espoir qu'elle avait eu raison au sujet de la baise.

Après cette conversation au World's End, on savait parfaitement tous deux à quoi s'en tenir, et mieux valait oublier les histoires de cul. J'avais toujours envie d'elle, et je savais qu'elle avait envie de moi, mais il était clair qu'il n'y aurait pas de passage à l'acte et donc rien d'autre qu'une amitié.

Une amie femme, c'était une première pour moi. On rigolait bien ensemble et, sincèrement, on pouvait bien s'entendre avec elle en dépit du fait que je devais me contenter de la désirer à crédit. À la vérité, je m'accordais mieux avec Liz qu'avec tous mes autres copains. On était capables, selon notre humeur, de se marrer comme des fous ou d'avoir des conversations sérieuses. Il nous arrivait de nous dire des choses vraiment très personnelles. J'ai même fini par lui faire des confidences qui me surprenaient moi-même. Bon, je ne m'en souviens plus du tout, aujourd'hui, mais je me rappelle qu'à ce moment-là je trouvais tout ça vachement profond.

Le fait d'être amis, et rien qu'amis, n'empêchait nullement une intimité physique. Quand on s'asseyait quelque part, c'était toujours l'un à côté de l'autre, voire l'un contre l'autre. Quand on se baladait, on se tenait souvent par la main. Et au cinéma, ça devenait presque une habitude qu'on se touche, surtout les cuisses et les genoux.

D'accord, je ne suis pas un expert, mais il me semblait qu'il y avait dans l'air un je ne sais quoi de sexuel. Je ne lui faisais aucune avance ni rien, mais la chose s'imposait d'elle-même, en quelque sorte. Et plus nous étions là à nous tripoter en toute amitié, à échanger nos secrets les plus profonds, à mettre à nu nos cœurs tendres, plus un certain phénomène que nous nous interdisions de nommer prenait de l'ampleur.

Et je savais – on sait très bien ce qui se passe à ces moments-là, n'est-ce pas ? – que si je lui avais dit alors qu'on se comportait comme deux amoureux, elle aurait feint la stupeur, aurait piqué une colère, et nous aurions immédiatement cessé toute relation, parce que sans cette attirance physique notre prétendue amitié ne valait pas un kopeck ; elle n'était rien qu'un paravent derrière lequel couvaient nos désirs.

Il lui arrivait de dire des trucs du genre : « Tu as vraiment un sens aigu de l'espace personnel, tu ne trouves pas ? », ce qui était une belle connerie, tellement c'était à côté de la plaque. Ma zone d'exclusion est plus grande que celle de Tchernobyl, et je déteste le contact physique, c'est la vérité, mais je devais alors lui mentir, et lui dire qu'elle avait vu juste.

Elle devait tout de même savoir que cette camaraderie n'était qu'une farce, qu'il y avait un gros lézard quelque part, mais elle s'arrangeait pour que ni elle ni moi ne puissions jamais l'admettre.

J'avais déjà flairé que la chose surviendrait dans un élan parasité de culpabilité bien poisseuse, après quoi on ne pourrait plus jamais s'adresser la parole. Mais un jour Liz, complètement à brûle-pourpoint, a accouché d'une idée qui ouvrait un horizon de sexe plus vaste que je n'aurais osé en rêver.

On approchait de la fin du mois d'avril, et Liz séchait son cours aux Beaux-Arts pour la troisième fois de la semaine. On avait passé l'après-midi à glander dans Hampstead Heath, et on se prélassait sur la pelouse. J'étais allongé sur le dos, et Liz avait sa tête sur mon ventre.

« Alors, qu'est-ce que tu vas faire ? elle m'a demandé soudain.

– À quel sujet ?

– Du reste de ton année.

– Ah… c'est la question à cinq millions de dollars, ça.

– Six millions.

– C'est trop.
– Il te reste quatre mois.
– Exact.
– Tu vas te chercher un job ?
– Non, si je peux m'en passer.
– Tu n'es pas obligé de travailler ?
– Non, pas vraiment.
– Tu es sérieux.
– Oui, je suis plein aux as.
– C'est vrai ?
– Ouais. Ça se voit pas ?
– Non, t'es toujours aussi pingre.
– Content de l'apprendre.
– Et d'où sors-tu ton blé ?
– Le salaire minimum en Suisse est de plus d'une brique par mois. Et comme je n'ai pas fait de folies là-bas, j'en ai mis un max à gauche.
– Plus d'une brique par mois ?
– Ouais, mais là-dessus, ils te retiennent le logement, la nourriture, c'est-à-dire le trou à rats où tu dors et les restes de la cuisine qu'ils te refilent. Tout de même, je suis revenu avec plus d'un bâton.
– Vraiment ?
– Plus ce que j'ai gagné au Sock Shop.
– Salaud de riche ! Et tu m'as même pas emmenée au restaurant une seule fois, même pas offert une sucette !
– Écoute, je mets de côté.
– Et pour faire quoi ? Un voyage, peut-être ?

– Un voyage, exactement.

– Tu disais tout à l'heure que tu ne savais pas ce que tu allais faire des quatre mois qui te restent.

– Je ne le sais toujours pas.

– Mais tu viens de dire que tu vas voyager.

– Ouais, c'est possible, en effet.

– Comment ça, "c'est possible" ? On dirait que tu te comportes comme si je te poussais à partir contre ta volonté.

– Pas du tout.

– Alors, tu as envie de faire un voyage ?

– Je pense.

– Tu penses ?

– D'accord, disons que ça me plairait beaucoup. Maintenant, ce n'est pas que j'aie peur mais... ça ne m'emballe pas de voyager seul, et tous mes potes se sont fait la malle. Alors, je me tâte.

– Je vois, je vois. »

Un silence a suivi. Liz regardait au loin, l'air pensive.

« Tu sais que j'arrête les cours début juin, ce qui nous laisse donc trois mois.

– Nous... ? Tu parles sérieusement ?

– J'en ai pas l'air ? J'ai pas envie de rater une occasion pareille parce que je suis inscrite aux Beaux-Arts. Et j'ai pas non plus l'intention de courir après James ou de le rejoindre en Amérique. » Elle m'a regardé et a eu un grand sourire. « J'ai toujours désiré aller en Inde.

– En Inde ?

– Moi aussi, j'ai quelques économies. Tu n'aimerais pas aller en Inde avec moi, cet été ?

– Tu dis ça pour me faire marcher ?

– Mais pas du tout. On part ensemble, point final.

– Pourquoi en Inde ? Pourquoi pas en Australie ?

– Non, l'Australie, très peu pour moi. C'est l'Inde ou rien. »

Il m'est venu une vision de chambre d'hôtel très sobre avec un sol en marbre, un grand ventilateur au plafond, et Liz et moi forniquant comme des lapins sur un immense lit.

« D'accord, j'ai dit.

– Tope là. »

Rien que de toucher sa main, ça m'a fichu la trique. Voyager ensemble pendant tout l'été dans un pays étranger, ça signifiait qu'on allait partager la même chambre, dormir ensemble. Dans ces conditions, j'avais toutes les chances de la tringler tous les jours comme un malade.

Elle m'a serré la main en me regardant dans les yeux. « Mais en copains, elle a précisé. Que ça soit bien clair, d'accord ? Sinon ça marchera pas.

– D'accord, en copains », j'ai répondu en me penchant en avant pour lui faire un bisou sur la joue.

Le bouillant et humide entrejambe du caleçon de James

Le papa de Liz voulait bien lui payer le billet, sous réserve qu'il fasse d'abord ma connaissance. Je me suis retrouvé dûment invité à dîner chez ses parents, en compagnie de mes vieux. Jamais je n'avais assisté à une rencontre mondaine plus figée. Si un extraterrestre avait atterri dans la pièce, il aurait pensé que les humains communiquaient par des bruits de couverts et de tintements de verres. En tout cas, j'avais dû répondre aux critères de son paternel, car Liz a eu son billet d'avion.

Nous passions désormais nos journées, elle et moi, à nous plonger dans les cartes et les guides, traçant peu à peu notre itinéraire. Atterrissage à Delhi et direction le nord et l'Himalaya, petite boucle dans le Rajasthan, puis le chemin du sud et Bombay, Goa et le Kerala tout au bout de la péninsule. Après ça, ce serait la remontée par la côte orientale, Madras, Calcutta, Vârânasi et enfin Katmandou, avant le retour à Delhi pour reprendre l'avion. Le centre du sous-continent nous semblait sans intérêt, avec sa population de paysans besogneux, alors que le tour de l'Inde par ses côtes était encore le meilleur moyen de tout voir ou presque.

Ces séances de préparation se prolongeaient souvent jusque dans la nuit, et je dormais de temps en temps dans l'appart qu'elle partageait avec trois autres filles de sa classe et, comme il n'y avait pas de chambre d'ami, je devais coucher par terre sur des coussins. Il y avait là quelque chose de profondément érotique. Allongés tous deux, elle dans son lit, moi en dessous d'elle, nous bavardions les lumières éteintes. Ç'avait tout de même un parfum de conversation sur l'oreiller. Une atmosphère sereine de post-coïtum flottait dans l'air, malheureusement parasitée par une érection carabinée dont je ne savais que faire.

Un soir, alors que nous papotions ainsi, elle me confia qu'elle avait mal à la nuque.

« Veux-tu que je te masse ? je me suis empressé de proposer.

– Tu t'y connais ?

– À vrai dire, non, mais je peux toujours essayer. »

Elle s'est tournée sur le ventre, j'ai grimpé sur son lit, écarté le duvet et me suis mis à lui pétrir le cou.

Au début, elle a énuméré tous les faits et gestes de sa journée qui lui valaient cette raideur dans la nuque, puis elle a enchaîné avec James et combien il était bon masseur et, comme elle continuait de parler de lui, j'ai cessé de l'écouter pour me concentrer sur ma tâche. À mesure que je prenais le coup de main, je notais que son papotage ralentissait et que les silences entre ses phrases se prolongeaient de plus en plus, jusqu'à ce qu'enfin ils s'éternisent.

Puis elle a commencé à émettre de drôles de bruits : pas vraiment des gémissements, ce serait exagérer, mais pas non plus des soupirs, plutôt une espèce de musique de gorge en sourdine.

Je suis vite passé de la nuque aux épaules et au haut de son dos. Puis j'ai commencé à me prendre les doigts dans l'encolure de son T-shirt, pour montrer qu'il me gênait et rendait impossible un massage digne de ce nom.

C'était une scène bizarre, tout de même. J'étais là, en slip, à califourchon sur elle, lui malaxant le dos, pendant qu'elle bourdonnait du larynx, susurrant de temps à autre qu'on était de si bons amis et combien elle aimait James.

J'ai commencé à lui remonter le T-shirt jusqu'à ce qu'il soit complètement replié autour de ses aisselles. Sous prétexte de lui masser les épaules, je lui ai allongé les bras devant elle et, ni vu ni connu, j'ai fait glisser le gêneur par-dessus sa tête.

Zoum !

Je lui ai lissé les cheveux et j'ai contemplé son dos.

Son dos long, incurvé, lisse, bandant.

Maintenant, débarrassé du coton, je pouvais la masser dans toute la liberté de sa peau dénudée.

Sur les côtés, à la naissance des côtes, je pouvais sentir les deux gonflements de ses seins. Ils étaient là, écrasés nus contre le drap. Et moi, j'étais là avec eux.

Au bout d'un moment, je me suis reculé pour passer aux jambes. Elle portait un caleçon d'homme.

À présent, elle gémissait, pas de doute à ce sujet. Mes mains la parcouraient inlassables de haut en bas sur tout le corps, glissant subtilement sous le tissu du short à chaque passage. L'une de ces fugitives explorations a retourné l'élastique révélant une étiquette. À la lumière du lampadaire de la rue qui filtrait par le rideau, j'ai pu distinguer le nom qui était inscrit : « James Irving ».

J'ai laissé l'élastique regagner sa place avec un claquement.

Petit à petit, j'ai commencé de me concentrer sur les cuisses, puis sur l'intérieur des cuisses, puis sur les abords de l'entrecuisse défendus par le short. Elle a insensiblement écarté les jambes, me facilitant la main.

Lentement, ses hanches se sont élevées de deux ou trois centimètres du matelas. Acceptant l'invitation, mes doigts se sont retrouvés dans l'entrejambe chaud et mouillé du caleçon de James. Après quoi, j'ai tenu bon et me suis contenté de regarder, vu que je n'avais pratiquement plus rien à faire, parce qu'elle s'était mise à onduler du bassin d'avant en arrière, se pressant de plus en plus fort contre ma main tout en accélérant son mouvement de va-et-vient jusqu'à ce qu'elle pousse un bizarre couinement, frissonne un peu, repousse ma main, roule sur le côté et s'endorme.

Au lieu de regagner ma couche inférieure, je me suis allongé contre elle et j'ai attendu que le sommeil m'emporte, ma queue rigide collée à ses fesses.

Le lendemain matin, j'étais le premier réveillé. Je me suis glissé dans mon lit par terre et c'est là que j'ai rouvert les yeux une seconde fois, afin de participer à l'illusion qu'il ne s'était rien passé. Après cela, je suis descendu à la cuisine, j'ai préparé un petit déjeuner pour deux et suis remonté. J'ai posé le plateau sur la table de nuit et me suis assis sur le lit à côté d'elle. Elle était encore à moitié endormie, mais avait renfilé son T-shirt.

On a mastiqué nos céréales et nos toasts comme deux bons copains prenant leur petit déjeuner sur le même matelas. Ni elle ni moi n'avons évoqué ce qui s'était passé, même si à chaque fois que je portais ma tartine à ma bouche je relevais une odeur saumâtre sur mes doigts.

Plus tard dans la semaine, on est allés ensemble acheter nos billets d'avion. Nous partirions dès la fin de son trimestre, pour revenir presque trois mois plus tard, juste à temps pour entrer à la fac.

Non, on baise pas

Au bout de quelque temps, les nuits chez elle avec massages s'étaient multipliées, et la technique desdits massages développée au point que nous nous désapions, ne gardant que nos slips, avant de nous pétrir l'un l'autre.

Comme Liz ne soulevait jamais le fait que notre relation avait pris un tour résolument charnel, je me gardais de le faire et me laissais bercer comme elle de l'illusion que nous étions deux bons amis amateurs de massages thérapeutiques en tenue légère. Notre saine et bienfaisante pratique tournant de plus en plus autour des parties génitales et les sous-vêtements devenant plus que jamais un obstacle à un meilleur épanouissement, nous nous sommes retrouvés à poil.

C'est un fait bien connu que si un homme et une femme se mettent au lit nus comme des vers et se frottent mutuellement leur appareil de reproduction, tôt ou tard le sexe de l'un pénétrera dans le sexe de l'autre.

C'est ce qui s'est passé. Une forme très avancée du massage thérapeutique.

C'est aussi ce moment-là qu'on a choisi pour parler de contraception.

« Tu prends la pilule, non ?

– Non, j'ai arrêté.

– T'as des capotes ?

– Non, j'ai jeté celles qui me restaient.

– Pourquoi ?

– J'ai voulu faire un geste.

– Putain ! un geste de quoi ?

– De fidélité, pardi.

– Ah, d'accord.

– Tu ferais mieux de ressortir.

– D'accord.

– Pas encore, crétin.

– Bon, comme tu voudras. »

J'ai baratté pendant un moment jusqu'à que je sente l'éruption venir, et je me suis retiré.

« Tu veux bien me soulager ? je lui ai demandé.

– Non !

– Allez, sois sympa.

– Pourquoi je ferais ça ?

– Je te l'ai fait des tas de fois, et toi, tu m'as même pas touché une seule fois. »

Elle a fait la grimace, glissé sa main sous le duvet et réussi à tomber sur la partie la moins innervée de mon pénis qu'elle s'est mise à tirailler si brutalement que ça m'a fait mal. Je lui ai pris la main, lui ai montré comment faire et, en moins de deux, j'ai giclé sur son ventre.

Ce n'était, je dois en convenir, que la semence de l'amitié. Une forme d'huile de massage organique, en quelque sorte. Parce qu'il n'y avait rien de sexuel entre Liz et moi. Pas la queue d'un sexe. La preuve, elle refusait obstinément de m'embrasser.

Après cette séance, nous nous sommes endormis, plus par délicatesse que par besoin de sommeil. Je savais qu'il lui faudrait du temps pour verbaliser ce que nous venions de vivre. Cette fois, il lui serait difficile de nier ce qui s'était passé. Avec un peu de chance, nous allions nous réveiller le lendemain matin, échanger un baiser furtif entre deux mauvaises haleines et nous déclarer officiellement amants.

À la seconde où Liz a ouvert les yeux, elle a bondi hors du lit. Je l'ai suivie en bas, et nous avons pris un petit dèje silencieux jusqu'au moment où j'ai posé la grande question.

« Liz ? Pourquoi tu m'embrasses pas ? »

Elle a continué de manger, les yeux dans son bol de céréales, mastiquant lentement sa réponse.

« Quoi, c'est pas évident ? elle a finalement marmonné.

– À vrai dire, j'aperçois rien d'évident en vue.

– Je ne t'aime pas.

– Et après ?

– Comment ça, et après ?

– Je sais que tu m'aimes pas. Je sais très bien où on se situe. Mais si on refait l'amour… eh bien… pourquoi bouder notre plaisir ?

– J'aime James. Ça signifie donc rien pour toi ?

– Non, pas grand-chose. Écoute, j'trouve ridicule que tu agites sans cesse son image, pendant que tu fais tout ça avec moi. J'comprends pas pourquoi tu veux pas reconnaître ce qui se passe entre nous. Quand il rentrera, tu retourneras avec lui, et tout redeviendra normal.

– C'est vraiment ce que tu veux ?

– Bien sûr.

– Et tu crois que les choses fonctionnent comme ça, toi ?

– Et pourquoi ce serait pas le cas ?

– Qu'est-ce que tu peux être naïf. J'ai du mal à croire que tu comprennes si peu les relations humaines. Tu racontes des conneries.

– Pourquoi ça se passerait pas comme je le dis ? Tu me crois pas capable de laisser tomber ?

– Exactement.

– Tu me connais mal. Et puis, si je te dis maintenant que je trouve normal que tu retrouves James à son retour, c'est pas pour me plaindre ensuite, non ?

– Et tu as pensé à sa réaction, à James ? Tu n'as jamais entendu parler de ce qu'on appelle la jalousie ? Crois-tu qu'il serait ravi d'apprendre qu'on a passé notre temps à s'envoyer en l'air, toi et moi ?

– J'avais cru comprendre que vous aviez passé un accord, qu'il pouvait baiser tout ce qui bouge en Asie sans qu'il y ait de lézard. C'est le ramoneur ramoné, après tout.

– J'en crois pas mes oreilles. Je sais même pas pourquoi je te parle. T'es tellement pas croyable que je sais même plus par où commencer. Tu ne sais rien, mon pauvre ami. Et je ne suis pas qu'un morceau de viande que vous pouvez vous échanger.

– C'est nous, les échangés, James et moi. Tu l'as troqué contre moi.

– Non.

– Bien sûr que si.

– Tu as essayé de me mettre le grappin dessus en profitant du fait que James me manque… et tu as finalement réussi à gratter une pathétique récompense pour tes efforts… mais si tu crois qu'après ça tu as pris la place de James, alors tu as vraiment beaucoup à apprendre.

– Quoi, par exemple ?

– Mais… mais… tout. Tu ne sais rien du fonctionnement d'une relation. On dirait que tu n'as jamais entendu parler des émotions humaines et que tu es incapable de comprendre que le plus important n'est certainement pas ce qui se passe à la surface.

– D'accord, je vois ça. Je suis superficiel parce que je crois que le sexe a un sens. Enfin, je comprends. C'est entièrement de ma faute de penser naïvement que le fait que tu baises avec moi pour remplacer James…

– Je ne baise pas avec toi pour le remplacer. Écoute… ça fait un bon moment que tu me cours après et t'as enfin eu ce que tu voulais et j'espère que tu es content, mais maintenant c'est terminé.

– Super. Et c'est moi qui suis superficiel.

– Oui.

– Écoute, tu pourras toujours t'arrêter de baiser, mais tu pourras pas t'arrêter d'en avoir envie.

– J'en aurai pas envie. J'en ai jamais eu envie.

– Bien sûr, je t'ai forcée.

– Exactement.

– Non, mais de quoi tu parles, là ? » J'étais furieux, maintenant.

« Tu m'as forcée. Ça fait des semaines que tu mènes un véritable siège.

– N'importe quoi.

– C'est la vérité, et tu ne peux la nier.

– Ça s'est fait comme ça, point final. Et j'ai pas remarqué que tu avais résisté.

– Si j'avais pas résisté, ça se serait passé dès le premier jour.

– C'est peut-être moi qui ai pas voulu que ça se passe tout de suite.

– Tu parles. Tu baiserais n'importe quoi.

– C'est pas très flatteur pour toi.

– De toute façon, on n'a pas baisé. Il y a une différence entre décharger sur le ventre de quelqu'un et faire l'amour.

– C'était ta main.

– Ma main était molle. Tu la faisais bouger pour moi, au cas où t'aurais oublié.

– Et toi, t'aurais pas oublié ce qui s'est passé avant ?

– Ah ouais, tu as trempé ton machin en moi pendant dix secondes. Wouah ! Un grand moment de passion torride. J'ai jamais pris autant mon pied.

– Si t'avais eu un préservatif…

– Si j'en avais pas, c'était bien pour cette raison.

– Si t'avais pas eu tellement la frousse et l'envie qu'on fasse l'amour, tu les aurais jamais jetés.

– On a pas fait l'amour et on le fera jamais. Si c'est ça ton idée de faire l'amour, alors tu dois avoir une vie drôlement triste.

– Oh, va te faire foutre.

– Et j'espère que j'ai répondu à ta question : je n'embrasse pas les connards. »

Pas grand-chose

Il s'est passé une semaine avant que j'aie le courage de lui passer un coup de fil.

« Salut, c'est moi.

– Salut.

– Qu'est-ce que tu fabriques ?

– Pas grand-chose.

– J'peux passer ?

– Non, j'suis occupée.

– Mais tu viens de me dire que…

– Oui, mais j'ai quelque chose à faire tout à l'heure.

– Quoi ?

– Ça te regarde pas.

– D'accord. »

Il y a eu un silence gêné.

« Est-ce que je pourrais venir plus tard ?

– Je te répète que je suis prise.

– Et j'ai pas le droit de savoir ce que tu fais ?

– Écoute, j'ai plein de travail à rattraper. J'ai pas envie de rater mon cours, vois-tu.

– Tu crois pas qu'on devrait préparer un peu plus notre voyage ?

– Sois pas ridicule, tu veux ? On sait déjà exactement où on va, comment on y va et combien de temps on y restera. Laissons un peu de place au hasard, s'il te plaît, sinon on mourra d'ennui. »

Comme le mot « préparer » (le voyage) n'était de ma part qu'un euphémisme pour « forniquer », sa réponse était un très mauvais signe.

« J'en ai marre de tes préparatifs, elle a repris, histoire d'enfoncer le clou. Que veux-tu maintenant, qu'on décide de l'emploi du temps de nos journées ? Tu sais quoi ? T'es trop matérialiste. T'as vraiment besoin de tout prévoir dans ta vie ? »

Je n'ai pas trouvé de réponse à ça. Merde, c'est râpé, je me suis dit, et dire qu'on est même pas encore en Inde.

« Écoute, je dois te laisser, maintenant, elle m'a dit.

– D'accord.

– Salut. »

Elle a raccroché avant même que j'aie le temps de lui dire au revoir.

Il ne restait que trois jours avant notre départ. Dans l'intervalle, on ne s'est pas reparlé.

DEUXIÈME PARTIE

Qu'est-ce qu'ils branlent les routards toute la journée ?

Le livre

Notre première journée à Delhi, on l'a passée au Fort Rouge, un machin gigantesque et impressionnant mais fondamentalement barbant. À l'entrée, un type vendait des espèces de bobs à bords flottants, qu'il portait empilés sur sa tête, histoire d'attirer le chaland. Voyant cela, j'ai eu plus que jamais l'impression d'avoir une poêle brûlante au-dessus du crâne. Il me fallait un couvre-chef.

« Salut, mon ami. Tu achètes chapeau ?

– Combien ?

– Meilleur prix.

– C'est quoi, le meilleur prix ?

– Ce que tu veux.

– Ce que moi, je veux ?

– Tu donnes prix.

– Combien ils coûtent, d'habitude ?

– Tu fais le prix, mon ami. Ton prix... bon prix.

– Euh... cinquante roupies ? »

Ça faisait un peu moins de deux livres, ce qui me paraissait raisonnable, mais j'avais à peine dit « mon prix » que d'une main il me coiffait d'un des galures et, de l'autre, attendait la monnaie. Manifestement je lui avais offert beaucoup trop mais, ne voyant pas comment je pourrais changer d'avis, j'ai casqué.

Liz, feignant de n'avoir rien remarqué, m'a demandé ce que j'avais payé et m'a ri au nez. Je lui ai répondu que cela m'était égal et puis que ça valait bien ce prix-là, car il était très bien ce chapeau.

« Tu n'aurais pas remarqué par hasard le nombre d'Occidentaux qui portent ce machin sur la tête ? Tu pourrais aussi bien trimbaler une pancarte autour du cou avec écrit dessus "Touriste". »

J'ai jeté un coup d'œil autour de moi pour vérifier. Justement, un groupe d'une trentaine de cartes vermeilles flanquées d'un guide sortaient du fort. Plus de la moitié d'entre eux avaient le même bitos que moi.

« Si tu veux profiter de la visite guidée, t'as qu'à te joindre à tous ces papys et ces mamies, elle a ajouté.

– Écoute, Liz, c'est pas un défilé de mode. J'me sens mieux, la tête couverte. Maintenant, si tu préfères choper une insolation rien que pour pas ressembler à une étrangère, c'est ton problème.

– J'ai bien l'intention de m'acheter un chapeau. Mais pas au premier type que je vois dans le coin le plus touristique de la ville. Personnellement, je n'aime pas trop me faire remarquer.

– Tu comptes te noircir le visage au cirage ?

– Raciste. »

Je regrettais maintenant d'avoir acheté ce galurin mais, après cet aimable échange de propos, j'allais devoir le garder sur la tête, rien que pour lui montrer que ses arguments n'avaient aucune influence sur moi.

N'empêche, j'aurais bien aimé savoir combien les autres avaient payé leur bob.

Jeremy nous avait dit que l'aller et retour en rickshaw du centre de la ville au fort ne devrait pas nous coûter plus de vingt roupies (à peu près trente pennies). Quand on a dit notre prix aux chauffeurs, ils ont rigolé. Pas Liz. Elle a entamé un âpre et long marchandage et, pendant une vingtaine de minutes, j'ai suivi les échanges. À intervalles réguliers, soit Liz soit le bonhomme rompait la négociation en s'éloignant de quelques pas d'un air excédé, et quand c'était le tour de Liz, je me sentais le devoir de la suivre.

Elle a finalement obtenu quinze roupies pour l'aller et vingt pour le retour, ce qu'elle considérait comme une victoire d'importance. Serrés à l'arrière du bruyant et nauséabond véhicule, je voyais bien qu'elle attendait que je salue sa performance.

« Bien joué, Liz.

– Merci.

– Tu nous as fait économiser au moins quinze roupies, ce qui fait presque huit roupies chacun.

– Arrête de jouer les enfants gâtés de l'Occident. On est en Inde.

– Et alors ?

– Alors, tu dois marchander. Ça fait partie de la vie locale.

– J'vois pas pourquoi le marchandage serait obligatoire. Tu craches quelques pennies de plus, et t'es pas obligée de rester une heure sous le soleil à gueuler comme une memsahib dérangée.

– Il ne s'agit pas de ça, et tu le sais très bien.

– Alors, de quoi il s'agit ?

– Écoute… si tu acceptes le premier prix qu'ils te demandent, tu passes pour un crétin. Ils se foutent de ta gueule derrière ton dos.

– Et alors, on s'en tape, non ?

– Et si les Occidentaux se mettent à payer le double pour n'importe quoi, ils se font eux-mêmes une mauvaise réputation. C'est un mauvais exemple. Ça nous fait passer pour beaucoup plus riches que nous sommes.

– Mais on est riches. Dix roupies, c'est que dalle. Quelle importance si on paye le double ?

– La question n'est pas là. Si tout le monde agissait ainsi, ça foutrait l'économie locale en l'air.

– Oh, je vois. C'est comme l'histoire des mendiants. Et moi qui te prenais pour une grosse radine, alors que t'étais seulement en train de te battre pour le bien de l'économie du pays.

– J'en ai vraiment marre de tes sarcasmes à la con, Dave. Ç'a rien à voir avec l'avarice. Tout ce que je sais, c'est que je ne laisserai jamais ces gens-là me prendre pour une idiote.

– C'est vrai que t'avais l'air vachement intelligente en risquant un coup de sang pour cinq balles.

– Oh, va te faire foutre. »

On était arrêtés à un carrefour par un agent de la circulation, et deux petits mendiants ont abordé le rickshaw en penchant vers nous leurs têtes à poux. Liz a fourragé dans sa banane à la recherche d'une pièce, histoire de me montrer qu'elle n'était pas une pingre. Le mendiant le plus proche et moi on l'a regardée fouiller dans la pochette, qui contenait une épaisse liasse de billets. J'ai vu les yeux de l'enfant s'écarquiller de stupeur.

« J'ai pas de monnaie », a dit Liz.

Le chauffeur faisait ronfler le moteur de sa trottinette, tandis que Liz feuilletait maintenant la liasse, cherchant une petite coupure.

« Tu veux pas lui donner quelque chose...

– Et pour un Occi...

– COMMENCE PAS ! » elle a aboyé. La patience n'était déjà pas son fort, et son marchandage avec les chauffeurs, sans parler de l'absence de chapeau, n'avait rien fait pour arranger les choses.

Le chauffeur s'est retourné et a gueulé en hindi après le mendiant, mais celui-ci n'a pas bronché, sentant bien qu'il allait l'obtenir, sa roupie.

Le chauffeur a continué de maudire le gosse, pendant que je pêchais un peu de ferraille au fond de ma poche. Le rickshaw a redémarré juste au moment où je tendais la pièce au gamin. Il a eu la main heurtée par le montant du siège arrière, et il a lâché son aumône.

Me retournant, j'ai vu le petit à genoux au milieu de la route, indifférent aux voitures qui le frôlaient en klaxonnant. Et j'ai vu encore, alors qu'on s'éloignait de plus en plus, l'autre mendiant se joindre à la recherche, et le début d'une bagarre, quand l'un d'eux a mis la main sur la pièce.

À notre retour à l'hôtel, on a trouvé Jeremy en train de bouquiner dans la véranda.

« Terminée, l'excursion ?

– Terminée, j'ai répondu.

– Combien vous avez payé le rickshaw ? »

Liz a bondi avant que je puisse répondre. « Quinze.

– Et vingt pour le retour, j'ai précisé.

– Pas mal, a commenté J. Encore un peu d'entraînement, et vous y serez.

– Qu'est-ce que tu lis ? a demandé Liz.

– La *Gita*. » Il a brandi un exemplaire écorné de la *Bhagavad Gita*.

« Super ! a fait Liz.

– C'est bien ? » j'ai demandé.

Il m'a jeté un regard dédaigneux. « Si c'est bien ? C'est de la *Gita* qu'on parle, là. J'veux dire, est-ce que la Bible est “bien” ? » Il a fait les guillemets avec ses doigts.

« J’sais pas, je l’ai jamais lue. Je suppose qu’il y a quelques trucs chouettes. »

Il s’est tourné vers Liz, pour lui adresser, et rien qu’à elle, ses commentaires fumeux.

« C’est le livre. Il y a là-dedans tout ce qu’on a besoin de savoir sur l’Inde. Tu peux pas venir et ignorer la *Gita.*

– J’croyais que c’était le *Lonely Planet* le livre ? Est-ce que la *Bhagavad Gita* est meilleur que le *Lonely* ? Les prix sont plus à jour ? »

Ils m’ont ignoré de concert.

« Je peux te l’emprunter, quand tu l’auras fini ? » a demandé Liz.

La question l’a fait glousser. « On finit jamais la *Bhagavad Gita.* Je l’ai lue et relue tant de fois que j’m’en souviens plus. Tiens. » Il a refermé le bouquin et le lui a lancé. Ce n’était pas un très bon lancer, mais elle a quand même réussi à l’attraper. Elle l’a regardé d’un air d’étonnement. Il lui a souri. « De ma part, il a dit. Disons que c’est un cadeau de bienvenue en… Inde. » Il a croisé les mains derrière la nuque, s’est adossé à sa chaise longue et a regardé le plafond. « Si tu en as envie, tu me donneras peut-être un jour un de tes livres. »

En échange de son exemplaire de soixante pages toutes écornées de sa *Baghavad Gita*, il a eu un *Oscar and Lucinda* tout neuf.

« Ça y est, on sait ce qu'on va faire, a déclaré Liz.

– Ah oui ? a fait Jeremy.

– On va suivre notre plan de départ. Il fait trop chaud ici, et la mousson ne va pas tarder, alors on va partir vers les montagnes. On pense que Simla est un bon endroit pour une première halte.

– Simla ?

– C'est une bonne idée, à ton avis ?

– Tu dois faire comme tu le sens, Liz. C'est pas à moi de te dire où aller.

– Pourquoi… c'est un mauvais plan, Simla ?

– Va là où ton feeling te porte, Liz. C'est pour ça que tu es ici. Oublie les notions de mauvais et de bon.

– Ce n'est pas ce que je voulais dire. Je…

– Vas-y, c'est tout. Relax.

– Tu… ça te dirait de venir avec nous ? »

NON ! Non, elle ne pouvait tout de même pas lui demander ça. Pas Jeremy. Je ne pourrais pas le supporter.

Et lui qui répondait : « J'aimerais bien. »

Nooon.

« Mais c'est impossible, il a ajouté.

– Pourquoi ? insistait Liz. Si t'en as envie… va où ton feeling te porte, c'est ce que tu viens de me dire toi-même.

– T'as raison. Mais j'peux pas. J'suis coincé ici. J'attends de l'argent.

– Tu attends de l'argent, tu dis ? je lui ai demandé.

– Ouais, j'suis à sec.

– Et il vient d'où, le fric ?
– De chez moi, pardi.
– Comment ça ? Qui te l'envoie ?
– Mes vieux. »

Je n'ai pas pu m'empêcher d'éclater de rire. C'est bon d'avoir un papa et une maman qui vous envoient un mandat, sitôt que vous n'avez plus un rond.

« Quoi ? Qu'est-ce qu'il y a de drôle ? il a dit, pas content.
– Rien.
– Alors pourquoi tu rigoles ?
– Je rigole, moi ? Où tu vois ça ?
– J'aimerais bien savoir ce qui te fait marrer.
– Oh, tu le sais très bien.
– Non, justement, j'sais pas.
– Eh bien, j'trouve ça comique que tes parents t'envoient de l'argent.
– Ah ouais, et pourquoi ?
– Parce que c'est comique. » Je le tenais bien ferré, ce petit con. « Je t'avais pris pour un… disons, un type à la coule. Plus solide que ça, quoi. »

Il s'est levé, laissant choir à terre *Oscar and Lucinda*.

« Tu veux dire quoi par là ?
– Rien. »

L'atmosphère s'est soudain épaissie, pendant qu'on se regardait en silence.

« Désolé, j'ai dit, j'aurais pas dû rire. Après tout, c'est pas parce que, moi, j'ai gagné mon argent pour venir ici que j'suis meilleur que toi. Et puis ça me surprend pas, va. Non, il y avait pas quoi rire. Parce qu'il suffit que t'ouvres la gueule pour savoir que t'es qu'un bourge. Ouais, excuse-moi, j'aurais pas dû me marrer. »

Maintenant, il était vraiment en rogne.

« J'suis pas un bourge.

– Excuse-moi encore, c'est pas le bon mot.

– Et moi aussi je me suis payé le voyage. Mes parents m'envoient juste une rallonge.

– Ouais, sûrement. J'ai dû me tromper.

– Et j'suis pas un bourge.

– Sujet douloureux, hein ? »

Il tremblait de rage.

« Les gens comme toi… cette obsession avec les classes sociales… c'est tellement… puéril, et tellement… tellement anglais que ça me fait gerber. T'es qu'un p'tit esprit, tiens, t'es pathétique. Qu'est-ce que tu sais de moi ? Rien ! Alors, dégage.

– C'est vrai, on s'connaît pas bien. On pourrait faire connaissance, non ? Dans quelle école t'as été ?

– J'parie que toi aussi tu as fait un collège privé.

– Peut-être, mais j'suis pas un bourge pour autant.

– J'suis PAS un… putain de… » S'il n'avait pas été une couille molle, il m'aurait frappé. Je l'ai vu dans ses yeux. Il a préféré respirer un grand coup, ramasser son bouquin, et nous priver de sa compagnie. Avant de disparaître à l'intérieur de l'hôtel, il s'est retourné et m'a crié : « J'espère… j'espère… que tu choperas la malaria. »

Bilboquet et tapecul

Liz a montré à Jeremy nos billets d'autobus pour Simla. Il nous a aimablement fait remarquer que les sièges 52 et 53 se situaient à l'arrière, et qu'il était bien connu que seules les places à l'avant vous évitaient d'avoir la colonne vertébrale brisée par les cahots. Nos billets portaient le label « Luxe », et il nous a gentiment expliqué que le bus était équipé d'un écran vidéo et qu'on serait assourdis par des comédies musicales indiennes pendant tout le voyage qui, il a ajouté avec une joie non dissimulée, prendrait au moins quatorze heures.

« Pendant combien de temps vous avez fait la queue ? » il nous a demandé.

On l'a regardé d'un sale œil.

« Deux heures, a répondu Liz.

– Vous auriez dû demander à l'hôtel d'envoyer un boy, a dit Jeremy.

– Parce qu'ils font ça ? a dit Liz.

– Bien sûr… ça coûte quelques roupies, mais ça vous

évite de perdre la journée à attendre. Bof, tout ça s'apprend. »

J'avais plus que jamais envie de lui arracher les ongles.

Il s'est avéré que cette histoire de « colonne vertébrale brisée par les cahots » n'était pas une figure de style. Placées pratiquement au milieu du châssis, les roues arrière transformaient la plate-forme du fond en balançoire, amplifiant la moindre irrégularité d'une route qui n'était que trous et bosses. Résultat, on voyageait dans une espèce de bilboquet géant, passant une moitié du temps à être projetés en l'air et l'autre moitié à avoir les fesses bottées par le siège.

C'était la première fois que je côtoyais les gens du pays de manière prolongée, et j'ai pu mesurer qu'en vérité les Indiens acceptaient leur sort avec un formidable sentiment de fatalité. Mon voisin n'avait pas l'air de remarquer l'inconfort du bus. À chaque fois qu'il sautait jusqu'au plafond et retombait en se prenant trois claques dans le séant, il m'exprimait d'un grand sourire toute la drôlerie de la chose ; à part ça, il passait le reste du temps à regarder par la fenêtre, apparemment content d'être à la fois paralysé et châtré.

Être à l'arrière avait toutefois un bénéfice : on était loin de la télé et de ses comédies musicales. Durant toute la durée du voyage, le même film nous a été passé quatre fois. Je ne pouvais voir l'écran qu'à chaque saut en l'air mais, à la fin de la journée, j'avais saisi assez de bribes d'images pour me faire une idée du scénario.

C'était l'histoire d'un type qui veut épouser une fille sexy et que ses parents veulent marier à une fille laide. Juste au moment où il va épouser le laideron, il découvre que la jolie a été enlevée par un horrible bonhomme vêtu de cuir noir et qui n'arrête pas de faire des grimaces à la caméra. Le héros saute sur un cheval et part à la recherche de la belle kidnappée et se bagarre dans le désert avec le méchant bandit. Il va pour sauver la ravissante quand on découvre que la vilaine est de mèche avec le kidnappeur et qu'elle a aussi ligoté le père du héros sur une chaise dans le désert et qu'elle est en train de l'arroser avec de l'essence. Elle sort une boîte d'allumettes, et ils marquent tous une pause pour pousser la chansonnette. À ce moment-là, cinquante types en salopette noire surgissent de derrière un buisson qui n'était pas là une seconde avant et ils se mettent à tirer des coups de pistolet sur le héros, qui trouve refuge derrière une petite caisse en bois. Finalement, il sort de sa cachette et agite un mouchoir blanc. Le méchant arrive en jubilant, le héros lui fait un croche-pied, lui arrache son revolver et tire sur les cinquante autres qui disparaissent presto derrière le buisson.

Pendant ce temps, le père se libère de ses liens et a une bagarre rigolote avec un gros bonhomme qui se trouve là sans qu'on sache pourquoi. La fille sexy fait signe à son héros que la moche s'enfuit dans le désert.

Le père triomphe du gros en le coiffant d'un seau sur la tête. Après quoi, le héros, le père et la belle se mettent à chanter une chanson dans laquelle le papa donne sa bénédiction aux amoureux, tandis qu'à l'horizon la vilaine méchante, le poing brandi, leur crie qu'elle se vengera. Quelques secondes plus tard, alors qu'elle est sur le point de mourir de soif, elle tombe sur une hutte au sommet d'une dune. Elle frappe à la porte et est accueillie par un homme qui essaie de la séduire (en chantant). Elle n'a pas du tout l'air impressionnée par les avances pressantes du solitaire, jusqu'à ce qu'elle découvre un petit laboratoire dans le coin de la pièce et une bombe atomique à moitié terminée. Ensemble ils concoctent un plan diabolique.

Après ça, l'histoire devient un peu plus difficile à suivre. J'ai seulement compris qu'à la fin le héros épouse la pin-up, que le boudin et son ermite se font sauter avec leur bombe, et que le gros se reprend un seau sur la tête.

Eh bien, c'est ce que j'appelle du divertissement de qualité.

On s'arrêtait souvent, et tout le monde descendait pour boire des verres de thé plus sucrés que du Coca et à peine moins laiteux que du lait. Au début, ça me donnait envie de vomir, mais à mesure que le voyage s'éternisait je m'habituais à considérer la chose comme une boisson. L'essentiel était de se persuader que ce n'était pas du thé mais un breuvage tiède. Et puis il y avait assez de glucides là-dedans pour vous redonner envie de vivre après plusieurs heures de tapecul.

Il n'y avait qu'un seul autre Occidental dans le bus, mais il avait beau jouir d'un siège tout à l'avant, il avait l'air franchement malheureux. À chaque halte, il était le premier à sortir et à filer en courant je ne sais où avec un rouleau de papier toilette à la main.

J'ai vu Liz entamer la conversation avec lui à l'occasion d'un arrêt, mais quand j'ai remarqué qu'il avait la chemise tachée de vomi, j'ai préféré rester à l'écart. On a appris que c'était un Belge et qu'il avait du sang dans ses selles. Après ça, on l'a plutôt évité, Liz et moi.

Nous avons découvert qu'un repas était inclus dans le prix du billet, quand quelqu'un a déposé sur nos genoux un plateau d'échantillons de currys indéfinissables. J'ai attendu que Liz y goûte avant de m'y essayer avec le dos de la cuiller, et encore uniquement celui qui était à base de lentilles. Dans un coin du plateau, il y avait un petit pot rempli d'un machin blanc à la consistance gélatineuse. Surprenant mon regard perplexe, le type assis à ma gauche m'a dit que c'était du *Crrid.*

« Du quoi ?

– *Crrid.*

– Comprends pas.

– *Crrid.* » Il s'en est enfourné une cuillerée. « Très bon.

– Liz, c'est quoi… du *crrid* ?

– C'est ce truc blanc.

– Je sais, mais c'est fait avec quoi ?
– J'en sais rien.
– Tu veux pas l'essayer ?
– Pourquoi pas ? »
Elle en a pris une bonne dose.
« C'est bon. On dirait du yaourt.
– Putain, j'touche pas à ça.
– Comme tu voudras. »

Elle a mangé le sien, jurant que c'était délicieux. Moi, je pensais qu'elle était cinglée. Après tout, le yaourt est à base de lait, non ? Alors, dites-moi si ce n'est pas de la folie de privilégier fanatiquement les légumes cuits, pour s'envoyer ensuite dans le gosier un produit laitier non stérilisé ?

Le reste du voyage a pris deux fois plus de temps que je m'y attendais, et si des tas de vendeurs n'étaient apparus de partout pour vous vendre des bananes et des noix par la fenêtre, je serais mort de faim.

Quelques excuses tactiques

Le temps d'arriver à Simla, j'avais ingurgité une telle quantité de bananes que j'avais déjà la diarrhée.

Liz a trouvé ça hilarant, que j'aie mal au ventre alors que j'avais évité le curry et le *« crrid »*, une attitude qui ne présageait rien de bon dans le domaine de nos relations. Déjà, sur la route, quand j'avais essayé d'éclaircir l'atmosphère en lui reprochant d'avoir invité Jeremy à venir avec nous, elle était montée sur ses grands chevaux, grognant que le bus appartenait à tout le monde, et la ville de Simla aussi, et que c'était toujours agréable d'avoir un peu de compagnie en voyage. Je n'avais pu m'empêcher de penser qu'elle ne me considérait peut-être plus comme un compagnon, ce qui n'était pas non plus de très bon augure.

Simla était plutôt agréable, et on a passé quelques jours à nous balader et à visiter les curiosités mentionnées dans Le Livre. En dépit du fait qu'il y avait beaucoup moins de mendiants qu'à Delhi et qu'en conséquence nous étions très peu harcelés, je ne pouvais m'empêcher d'avoir les jetons. Tout me faisait peur. Même les gens qui ne nous assaillaient pas pour nous vendre quelque chose m'inquiétaient. Rien que leur regard de moi-pauvre-toi-riche me déprimait et me culpabilisait.

Le pire, c'était les gosses, qui vous tombaient dessus comme un essaim de mouches, vous demandaient comment vous vous appeliez, réclamaient un bic ou une pièce. Ils vous tendaient des embuscades, fondaient sur vous à l'improviste, vous mitraillant de questions, cherchant à vous serrer la pince dans leurs petites pattes sales et ne vous lâchant pas tant que vous ne leur aviez pas au moins tapoté le crâne.

Ça lui plaisait bien, à la Liz, d'être assiégée par tous ces petits pouilleux. Elle s'asseyait sur les talons pour parler ou jouer avec eux, pendant que, moi, je me tenais à distance. À ma connaissance, elle ne savait pas comment les maladies se transmettaient. Ou alors, elle avait chopé le syndrome de Mère Teresa.

Mon espace vital était tellement envahi en permanence par les morpions, les vendeurs et la foule en général que j'avais le choix entre me convaincre que j'avais perdu tout espace dit vital, ou bien tomber en dépression nerveuse. À ce stade de mon voyage, la dernière proposition était la plus séduisante, et chaque matin je me réveillais avec un léger malaise à la pensée qu'il n'y avait que le petit dèje entre moi et le monde extérieur.

Je me surprenais à épier les autres routards, m'efforçant de savoir s'ils prenaient sincèrement leur pied ou bien s'ils faisaient semblant. Certains d'entre eux connaissaient manifestement la galère ; quand, d'aventure, je repérais un groupe à l'air béat, je ne les quittais plus des yeux et des oreilles, pour essayer de savoir comment ils s'arrangeaient pour être contents.

Je n'arrivais pas à comprendre comment on pouvait bander pour l'Inde. Quelle était leur recette, à tous ces ravis congénitaux ? Était-ce moi qui péchais par excès de faiblesse et de sensibilité ? Peut-être que j'avais vu juste : j'étais trop trouillard pour affronter le tiers-monde. Peut-être que je n'aurais pas dû me raconter d'histoires et me tirer un mois au soleil d'Ibiza.

Pour me remonter le moral, j'ai envoyé deux cartes postales à la maison.

Chère maman, cher papa,

On est arrivés il y a quelques jours et on est déjà dans les montagnes. Comme vous pouvez le voir au recto, le décor est grandiose, Simla est juste au pied de l'Himalaya, avec d'étranges baraques à l'air anglais, et il y a même une église ! La pauvreté, ici, est incroyable, mais je finirais bien par m'y habituer. Je réside à l'auberge de jeunesse, où il y a un grand billard avec une plaque d'ivoire à la mémoire du major Thompson, qui a réalisé un score de 109 points en 1902. J'espère que vous allez tous bien.

Affectueusement,
Dave

Cher grand-papa,

Un grand salut de Simla ! Il fait très chaud, ici, mais je vis des moments merveilleux. Ça fait quelques jours seulement que je suis en Inde, mais je sais déjà que c'est un pays fabuleux. Les routes, par contre, ne sont pas terribles. J'espère que tu te portes bien.

Affectueusement,
Dave

Je voyais bien que Liz aussi n'était pas de la fête, mais ni l'un ni l'autre ne désirions en parler, alors on persévérait, nous efforçant d'apprécier Simla. Au bout de quelques jours, on avait vu tout ce qu'il y avait à voir et on s'était suffisamment remis de notre trajet en bus pour en entreprendre un autre, un qui nous emmènerait cette fois dans les montagnes jusqu'à la petite ville de Manali. Tous les routards qu'on rencontrait n'avaient que Manali à la bouche ; apparemment, c'était une espèce de Goa montagneux. Ce serait l'endroit idéal pour se détendre et souffler. Jusqu'ici, tout avait été tellement trépidant.

Les montagnes sur la route de Manali étaient spectaculaires, mais la ville elle-même avait l'air plutôt lugubre. Un plan illisible (celui du Livre) à la main, on a pris la direction du Rainbow Lodge que nous avait recommandé Jeremy, un hôtel super cool à l'écart du centre, il nous avait assuré.

Pendant presque tout le trajet, on a été évidemment harcelés par les rabatteurs des autres taules, qui nous juraient que le Rainbow était très cher et très sale et nous suppliaient de jeter un coup d'œil à leur crèche confort moderne. Ils vous collaient tellement qu'on ne pouvait pas faire autrement que de les haïr, tout en se sentant coupable parce qu'ils avaient l'air tellement miséreux, et que leurs hôtels n'étaient probablement pas pires que celui de notre choix, et que ça n'aurait pas été la mer à boire que de prendre cinq minutes de notre temps pour jeter ce coup d'œil qu'ils imploraient. Mais, si vous commenciez à céder à leurs invites, vous risquiez la crise de nerfs. Vous deviez rester ferme et aller votre chemin. Si vous leur montriez la moindre faiblesse ou le début d'une sympathie, vous couriez le risque de vous faire rouler.

Le temps qu'on déniche enfin notre auberge, on était tous les deux à cran et fourbus en même temps. Le trajet, toutefois, nous avait permis de voir la ville, ce qui nous dispensait de la visite touristique et allait nous permettre de nous poser et de tirer enfin sur un joint. Au dire de tous, le Logde était le top pour la dope et, après avoir pris une chambre, on s'est empressés de gagner la véranda. Trente secondes plus tard, on nous passait un pétard.

J'ai aspiré profond la fumée, l'ai maternée un instant dans mes bronches et l'ai exhalée lentement par le nez. C'était de la super, cette ganja. Au bout de trois bouffées, j'ai senti fondre mes angoisses.

Ah ! Ça allait beaucoup mieux. Un endroit peinard, entouré de champs, avec les montagnes autour, et de la came à volonté. Là, je comprenais. On pouvait se la jouer relax et laisser venir le plaisir. En se passant le joint, Liz et moi, on s'est souri pour la première fois depuis l'atterrissage à Delhi.

Ne tenant pas à passer pour un parasite, j'ai demandé à mon voisin où je pourrais en acheter.

« Ouais, c'est juste », il m'a dit en dodelinant du bandana. Quelques secondes plus tard, il a réalisé que ça n'était pas vraiment la réponse que j'attendais et il a eu un geste de la tête en direction de la réception. « C'est Ronnie, notre corne d'abondance », il m'a dit, puis il m'a tapé gentiment sur l'épaule et a glissé de sa chaise.

À la réception, j'ai demandé à voir Ronnie. Le réceptionniste a tendu la main sous le comptoir et a sorti une grande boîte en fer avec le nom de Ronnie et un visage souriant peints en jaune d'un trait dégoulinant.

Il a ouvert le coffret et m'a tendu un sachet en cellophane rempli d'herbe.

« Cent cinquante roupies », il m'a dit, et je l'ai payé.

C'était génial ! Un paquet de marie, qui m'aurait coûté au moins cinquante livres en Angleterre me revenait ici à moins de cinq. Soudain, l'Inde m'a paru être le pays le plus civilisé du monde.

Je suis allé chercher mon Rizla gommé dans mon sac. (Le Livre dit : tu ne peux pas trouver de papier à rouler Rizla en Inde, alors j'en avais apporté de quoi rouler à la chaîne pendant des lunes.) J'ai rejoint Liz dans la véranda et me suis mis au boulot.

Maintenant, on se souriait franchement. Je me suis rappelé brusquement – pour la première fois depuis notre départ du sol natal – que j'étais en possession d'un pénis. J'ai senti le début d'une renaissance de ma libido et décidé de procéder à quelques excuses tactiques.

« Tu sais, Liz… je suis désolé.

– De quoi ?

– Eh bien… de tout. »

Elle m'a souri.

« Je me suis… je me suis comporté un peu comme un con, quoi, j'ai poursuivi. J'sais pas pourquoi, mais tout me faisait flipper.

– C'est pas grave.

– Maintenant qu'on est ici, je vais pouvoir me détendre et tout.

– Je l'espère.

– Et puis… essayons de faire bon ménage, d'accord ?

– D'accord.

– L'un et l'autre », j'ai précisé. Je voulais bien feindre mon mea-culpa, mais avec l'espoir qu'elle ferait le sien.

Après tout, c'était elle, et elle seule, qui s'était réellement conduite comme la dernière des connes.

« Entendu. On essaiera tous les deux d'être un peu plus gentils l'un envers l'autre. »

Ce n'était pas que ce j'appelle des excuses, mais c'était au moins accompagné d'un nouveau sourire, aussi après une brève consultation avec ma bite qui n'arrêtait pas de gonfler, j'ai décidé d'accepter le calumet de la paix.

Elle a pris ma main que je lui tendais en souriant.

« On enterre le passé ?

– On enterre le passé.

– On est enchaînés l'un à l'autre, alors on pourrait faire un effort, j'ai ajouté avec une pression suggestive des doigts.

– Oui, on pourrait faire un effort », elle a répété en me serrant itou la menotte.

Le joint s'est baladé plusieurs fois entre nous, sans qu'on se lâche les paluches. Ma queue, les veines gorgées à bloc, chantait un hymne à la turgescence.

Alors qu'elle tirait une dernière taffe, j'ai caressé le dos de sa main. On est restés là pendant un long moment, contemplant dans un silence amical le somptueux décor de l'Himalaya, ses pentes luxuriantes sculptées de rizières sinueuses, tandis que tout là-haut se dressaient les pics enneigés. Je n'avais rien vu d'aussi beau ni d'aussi majestueux.

Enfin, j'étais heureux d'être en Inde. Je sentais mon ventre se dénouer. Paul et James avaient raison, après tout : il n'y avait rien de tel qu'un grand voyage. Et la dope coûtait que dalle.

« J'en roule un autre ? j'ai demandé.

– Pourquoi pas ? » elle m'a répondu avec un clin d'œil, qui n'était pas dû à une poussière.

« On va s'en fumer un dans la chambre ?

– D'accord. »

Toujours main dans la main, on a trottiné vers l'alcôve.

Elle s'est assise sur le pieu, pendant que je fermais la porte à clé et tirais les rideaux. Je me suis glissé sur le lit à côté d'elle, et on s'est regardés, des ombres de sourire dansant sur nos lèvres.

« Bon, c'est pas tout ça, mais j'ai du travail », j'ai dit.

Elle a haussé un sourcil interrogateur, auquel j'ai répondu en sortant mon Rizla, pendant qu'elle s'adossait à la tête de lit. Le roulage terminé, je me suis assis à côté d'elle, lui ai passé le joint et j'ai allumé le briquet.

« Si madame veut bien tirer la première… »

Elle a gloussé et a planté le pétard entre ses lèvres, tandis que j'approchais la flamme, savourant sa façon de plisser les yeux en inhalant la fumée. Dans un silence troublé par le seul crépitement de l'herbe, on s'est passé le joint. Je sentais le monde extérieur s'éloigner insensiblement, jusqu'à ce qu'il ne reste plus que le visage de Liz, sa main et la fumée s'échappant en volute de sa bouche.

Quand le mégot m'a brûlé les doigts, je l'ai jeté par terre, j'ai passé mon bras autour du cou de Liz et l'ai embrassée sur la bouche. Je pouvais sentir le moindre pli de ses lèvres, chaque mouvement de sa langue. Le contraste entre la dureté ivoirienne de ses dents et la douceur charnue de sa bouche me confondait d'admiration envers ce miracle de l'évolution. Pendant un moment, notre baiser est devenu le centre de l'univers.

Et puis elle m'a enlevé ma chemise, et je lui ai enlevé la sienne, et il nous est apparu qu'on n'irait pas très loin ainsi, alors on s'est levés d'un même bond, on s'est désapés et recouchés illico.

À travers un brouillard de désir, j'ai remarqué qu'elle avait gardé sa culotte.

Tandis qu'on nageait dans d'autres baisers, j'ai tenté discrètement de la déculotter sans qu'elle s'en aperçoive. En réponse, ce qui avait commencé par un « Mmmm » s'est mué en un « Nnnn ». Il fallait que je fasse vite avant l'arrivée du « o ». Ma tentative de lui faire passer ce foutu slip par-dessus les fesses a déclenché un bruit d'étoffe déchirée qui a rompu le charme.

« Non, elle a dit. Pas de sexe.

– Pourquoi pas ? »

Elle m'a embrassée, avec plus de passion que jamais.

« Pas de sexe, elle a répété, s'interrompant pour essuyer un filet de salive sur son menton.

– Pourquoi pas ? » j'ai insisté.

Pour toute réponse, elle m'a fait basculer sur le dos et a disparu sous le drap. « Parce que j'aime James », elle a dit, avant de me fermer le clapet en prenant ma queue dans sa bouche.

On n'a pas quitté souvent le Rainbow Lodge de tout le restant de la semaine, passant nos journées à fumer, manger, bavarder, faire un petit tour de-ci de-là et jouer à touche-pipi.

Pour la première fois, je me plaisais bien en Inde. Les vibrations entre Liz et moi s'amélioraient, et nos tribulations de routards débutants nous apparaissaient infiniment moins déprimantes, à présent que nous avions trouvé une petite enclave où couler des jours tranquilles.

C'est là aussi que j'ai perdu mon aversion pour le yogourt indien, quand j'ai découvert le bhang lassi, boisson faite de lait, de yaourt et de haschich. Le plus génial, c'est qu'on pouvait en commander au personnel de l'hôtel, ce qui était vachement pratique quand on était trop défoncé pour se rouler un autre pétard. Je ne peux pas dire que j'en aimais le goût, mais c'était rafraîchissant et ça vous changeait agréablement de la brûlante fumée des joints.

Il y avait tout un contingent de routards à l'hôtel, et le partage des joints créait un climat extrêmement sociable. On finissait par discuter avec tout un tas de gens, et on passait la plupart des soirées à faire des parties de cartes semi-comateuses dominées par la valse des pétards et l'échange des points de vue sur le thème du voyage. Moi, c'était le poker et la dope qui m'intéressaient le plus, tandis que Liz accueillait le philosophisme avec un enthousiasme déprimant.

Jamais personne ne se lassait de caqueter sur l'Iiiinde. Je voyais mal sur quoi on pouvait théoriser et comment on pouvait avoir la prétention d'expliquer – oui d'expliquer – un pays, mais chacun, semblait-il, avait sa conception. Bien entendu, Liz gobait tout avec ardeur, et je voyais bien que mon cynisme commençait à lui taper sur les nerfs.

Un dénommé Jonah voyageait depuis dix-sept ans. Il prétendait ne plus porter de chaussures depuis au moins dix ans et était intarissable sur l'importance de ne pas perdre contact avec le sol, au sens plantaire de l'expression ; au sens figuré, il l'avait perdu depuis belle lurette, le contact, et pas avec la poussière. Il disait aussi que chaque fois qu'il rencontrait un mendiant, il préférait l'embrasser plutôt que de lui filer une pièce.

Il pouvait tenir audience pendant des heures devant une petite cour de déficients cérébraux, contant des histoires de maladies, de larcins, d'overdoses et d'infections des nougats. Ces anecdotes n'étaient qu'une tactique pour s'attirer un auditoire plus important et d'attaquer alors son sujet de prédilection : une Théorie Unifiée de l'Inde.

« L'Inde, dit ce soir-là Jonah, est en même temps la plus belle et la plus horrible des nations, et les Indiens sont les plus doux et les plus violents de tous les peuples de la Terre. »

Une hippie américaine prénommée Belle, toujours affublée d'un pantalon de treillis, l'interrompt. « L'Inde, elle dit, est un beau pays mais, avouons-le les mecs, ses habitants sont nuls à chier. Ils sont tous obsédés par le fric. Ils cherchent toujours à te soutirer quelque chose. Ils pensent à rien d'autre que vendre et acheter.

– T'as pas gratté sous la surface, sister, intervient Ing, un Scandinave plus maigre qu'une victime de la famine mais qui passe son temps à bouffer. (Le ténia, d'après Liz.) Le commerce, c'est rien qu'un emballage plastique de supermarché autour du riche tapis de l'histoire de l'Inde. J'veux dire, ce pays a été envahi tant de fois, mais il a toujours su préserver sa culture. Le capitalisme est le dernier envahisseur en date et, quand il aura été vaincu comme les autres armées, on retrouvera le même peuple mystique qui a toujours vécu ici.

– En tout cas, faut reconnaître que c'est pas cher, ici, a dit Brian, un Écossais. C'est même vraiment bon marché.

– Mais… comment c'est ton nom, déjà ? a bredouillé Belle.

– Ing.

– Ing ?

– Ing.

– Mais Ing… le capitalisme ne disparaîtra pas comme les autres envahisseurs. Cette fois, l'Inde a perdu la guerre. C'est son esprit même qui est en train de mourir. Seul un idiot peut prétendre que l'Inde est encore un pays mystique.

– En Angleterre, reprend Brian, une banane coûte vingt pennies, mais ici on peut acheter un régime de quinze bananes pour moins de trente roupies. Ça fait une sacrée économie.

– N'oublions pas, déclare Burl, le petit ami de Belle, que l'Inde ne s'est jamais remise de la colonisation britannique. Il faudra deux ou trois générations de plus avant que les Indiens se respectent de nouveau eux-mêmes. D'ici là, il sera peut-être trop tard.

– J'aime ici, dit Jonah. Et je déteste ici. » Et que je te hoche la tête avec gravité.

« Moi, dit Ing, je déteste ici, mais j'aime ici. » Et de dodeliner du chef avec encore plus de gravité, ce qui déplaît à Jonah, qui essaie d'en rajouter dans le hochement pénétré. Mais ça ne donne pas l'effet escompté, parce que ça se voit qu'il n'est pas content de s'être fait coiffer sur le poteau. Et d'une tête. Alors il se retire du combat des graves, pour se rouler un autre joint.

Après quoi, on a droit à la théorie de Xavier, de Paris. « L'Inde, comme beaucoup de pays, étouffe sous son propre poids. Comme une baleine échouée sur une plage, la taille de sa propre population est l'arme mortelle de son suicide involontaire. »

Tout le monde le regarde d'un air interdit.

« J'aime l'Inde, mais je la déteste », il ajoute, en français cette fois.

Et tout le monde d'acquiescer, pour montrer que la langue française n'a de mystère pour personne, ici.

« C'est génial, non ? me murmure Liz à l'oreille, son visage tout animé.

– C'est que du blabla de crétin certifié, si tu veux mon avis.

– Comment peux-tu dire ça ?

– Facile. C'est rien que des couillonnades.

– Mais… toutes ces théories. Ces gens qui ont voyagé à travers le monde et partagent leurs expériences avec nous… tu ne te rends pas compte de la chance qu'on a ?

– On a de la chance de pas être comme eux, ça c'est sûr. »

Elle me touche la joue et me regarde dans les yeux d'un air implorant. « S'il te plaît, Dave. Fais-le pour moi… rien que pour moi… tu veux bien essayer d'abandonner ton cynisme d'Occidental ? Je t'en prie. C'est une occasion unique pour nous d'ouvrir nos esprits. Il faut saisir cette chance.

– D'accord, excuse-moi. Je le ferai plus.

– Tu le promets ?

– Je te promets d'être plus oriental dans mes jugements. »

Heureusement, mon sarcasme lui passe au-dessus du cigare.

L'Inde authentique

Ça faisait une semaine qu'on était à Manali, quand, catastrophe, Jeremy s'est pointé.

« J'étais sûr de vous trouver ici, il a lancé en débouchant au coin du sentier menant à l'hôtel.

– J ! a glapi Liz en bondissant de sa chaise et courant l'embrasser.

– Salut, Dave. » Il avait apparemment oublié qu'il m'avait souhaité les sept plaies d'Égypte.

Je l'ai accueilli d'un grognement.

« J'vois que t'as pris goût au poison local.

– Non, j'fume un joint, j'ai répliqué.

– J ! Tu avais raison au sujet de cet hôtel. C'est super génial !

– Cet hôtel, c'est Manali, voilà tout. Dites, j'tirerais bien une taffe. »

Sans même me consulter, Liz m'a pris le pétard des doigts et l'a passé à Jeremy. Il l'a coincé entre le majeur et l'index puis, fermant le poing, il a aspiré par le trou formé par son pouce replié.

Évidemment, la seconde d'après, il a fallu qu'il explique à Liz la manière de s'y prendre.

« Tu n'as pas remarqué que les gens du cru fumaient toujours comme ça ? »

Deux jours plus tard, Jeremy tentait d'organiser une randonnée d'une journée. Il a raconté à tous les babas du Rainbow qu'il y avait des sadhus qui habitaient une grotte sainte sur le flanc d'une montagne voisine, et a donné rendez-vous le lendemain matin dans la véranda à tous ceux que ça intéressait.

J'ai d'abord été contre une telle expédition, car l'idée venait de ce m'as-tu-vu. Toutefois, ça faisait tellement longtemps que je n'avais pris le moindre exercice que la perspective d'une longue marche m'a paru séduisante. Et puis, si je voulais rester dans les bonnes grâces de Liz, il me fallait montrer un peu d'enthousiasme pour l'Orient. Une grotte est une grotte, si voulez mon avis, mais une avec ermites avait sûrement de quoi satisfaire la volonté d'ouverture d'esprit affichée par Liz. Aussi, participer à cette randonnée initiatique aurait toutes les chances de me valoir quelques bons points. J'ai décidé d'en être.

À dix heures du matin, un petit groupe s'était rassemblé : Burl, Belle, Ing et Jonah étaient là, en même temps qu'un dénommé Ranj qui, contre toute attente, était indien.

On venait de démarrer, quand j'ai vu Liz (qui marchait en tête avec Jeremy) donner l'accolade à un mendiant. Le bonhomme m'a paru tellement écœuré par une telle conduite que je lui ai filé quelques roupies pour dommages et intérêts. Je ne pouvais pas voir le visage de Liz, mais j'avais l'impression qu'après cette démonstration d'amour universel, elle allait d'un pas différent. Tout son corps semblait dire : « Regardez-moi… je plane tellement que ça fait mal. »

On n'avait pas fait trois kilomètres, que Jonah nous a annoncé qu'il connaissait un raccourci. Ç'a eu pour effet de dégommer Jeremy de son petit nuage, ce qui m'a mis de joyeuse humeur, et Liz s'est retrouvée en queue avec la tâche de consoler le déconfit.

Ranj, en fait, était de Londres, de Putney plus précisément. À l'opposé du look routard (que j'avais fini par prendre moi-même), il était fringué d'un jean neuf et d'une chemise immaculée dont les manches courtes dévoilaient de solides biceps. Il avait aussi une coupe de cheveux mode, qui était bien la première que je voyais depuis mon arrivée à Manali.

Il m'a raconté que ses parents l'avaient emmené en Inde pour qu'il fasse la connaissance des siens, mais que ça l'avait tellement gonflé qu'il s'était barré dans les montagnes. Sa famille, en Inde, était très riche et avait des contacts partout et je ne devais dire à personne que je l'avais vu.

« Tu peux compter sur moi, je lui ai répondu.

– Je te le jure, ils me retrouveront. Où que je sois, ils me rattraperont et me ramèneront à la maison.

– Tu crois pas que tu fais un peu de parano ? J'veux dire, le pays est grand.

– Tu ne sais pas comment ça fonctionne, ici. Mes parents ont des affaires un peu partout. Il suffit que je dise mon nom au premier venu, et il saura de qui je suis le fils, et je te garantis que la nouvelle aura vite fait de parvenir à mes vieux. Je le jure devant Dieu. Et je te dis pas dans quelle merde je serai quand ils me mettront la main dessus.

– Pourquoi ?

– Parce que je me suis sauvé, putain !

– Mais tu pouvais pas leur dire que t'avais envie de barouder un peu ?

– Tu crois qu'ils me laisseraient barouder, comme tu dis ? Traîner comme un clodo, avec des fringues crades sur le dos, dormir dans des hôtels remplis de punaises et de hippies qui puent ? Et tout seul en plus ! Putain, la crise ! Ils penseraient que j'ai perdu la tête.

– Mais des tas de jeunes le font, non ? J'veux dire, voir du pays, s'ouvrir l'esprit.

– Ouais, j'ai des copains à Putney qui sont partis comme ça sac au dos. Mais pas moi. Ça m'est interdit.

– Pourquoi ?

– Parce que je suis indien. Et c'est pas une façon de se conduire quand on est un honorable Indien.

– C'est respectable de voyager.

– Peuh ! les routards sont la lie de la terre.

– Mais nous, les Occidentaux, on est riches, comparés aux gens d'ici, par exemple.

– Et alors ?

– Alors, on peut se payer tout ce qu'on veut.

– Et… puis quoi ?

– Eh bien, les gens se comportent comme s'ils nous respectaient.

– Exactement. Ils se comportent comme si. Mais ils vous respectent pas. Pour eux, vous êtes sales et pingres, mais ils vous lèchent les bottes parce que votre fric les intéresse. Souviens-toi bien de ça : il y a pas un seul Indien dans ce pays qui sera jamais ton ami. Tout ce qu'ils te racontent, c'est rien que du bluff. Tout ce qu'ils veulent, c'est ton pognon.

– Tu peux pas dire ça. C'est du racisme.

– Bien sûr que c'est du racisme. Je hais les Indiens, mec. C'est des barbares. La seule chose qui compte pour eux, c'est l'argent, l'argent, l'argent. Je me suis retrouvé coincé pendant tout le mois dernier par cent cousins, et ils ont pas arrêté de parler de chaînes hi-fi, de bagnoles et des prix de l'immobilier. Mec, ils m'ont rendu dingue. C'est pour ça que je me suis fait la malle. Ça m'intéresse pas toute cette merde. Ça m'intéresse pas, les affaires merdiques de mon père, et je m'en battrais les couilles si tous ses costards à la con se faisaient bouffer par les mites avant qu'il ait le temps de les porter plus d'une seule fois. C'est rien que du caca de capitaliste, tout ça.

– Attends, j'ai cru comprendre que l'Inde était un pays de… de spiritualité et tout.

– Justement, c'est pour découvrir l'Inde, la vraie, que j'ai quitté ma famille. Tu comprends, j'suis à la recherche de ma mère patrie spirituelle.

– À Manali ?

– Tout à fait.

– Au Rainbow Lodge ?

– Ouais, c'est ici que ça se passe, mec. Les grottes à sadhus et tout le bazar. C'est le pied.

– T'as raison, j'ai dit. C'est vraiment le panard. »

On a continué de marcher pendant un moment dans un silence amical tout en admirant le paysage.

« C'est marrant, j'ai dit.

– Quoi ?

– Ce feeling à Manali, comme on se sent bien.

– Ouais.

– On se galère sac au dos et c'est pas la joie avec tous ces types qui te harcèlent pour une roupie, et puis t'arrives ici et tu sais tout de suite que t'as trouvé ce que tu cherchais… l'Inde authentique.

– Ouais.

– Mais c'est tout de même bizarre, tu vois, parce que depuis le temps que j'suis ici, t'es le premier Indien avec qui je parle.

– Et alors ?

– J'sais pas, c'est comme si les plus beaux endroits – ceux qui ressemblent le plus à l'Inde que tu t'es imaginée – sont justement ceux où t'as même plus besoin de parler avec des Indiens.

– Rien de plus vrai, mec. Rien de plus vrai. »

J'ai essayé d'expliquer ma théorie à Liz, quand on est rentrés le soir et, si elle l'avait pu, elle m'aurait volontiers brûlé vif pour hérésie. Je ne l'avais jamais vue aussi en pétard, si je puis dire. Pour le moment, c'était Jeremy, le favori de la reine, et moi je n'étais plus rien qu'un caniche incontinent.

Le bon endroit n'est pas celui qu'on pense

Depuis mon débarquement en Inde, Ranj était la première personne pour qui j'avais vraiment de la sympathie. On s'est tout de suite bien entendus et, pendant que Liz s'enfonçait dans la débilité baba cool avec Jeremy, je passais de plus en plus de temps en compagnie de mon Indien de Putney. Je n'avais encore jamais eu de copains venant de ce quartier sud de Londres, et c'était intéressant parce qu'ils ont vraiment une tout autre vision de la vie.

Au bout d'une quinzaine de jours, on a fini par se lasser de Manali, et décision a été prise de s'en aller, Liz, Jeremy, Ranj et moi à Dharamsala. Apparemment, c'était là que résidait le dalaï-lama et une flopée de moines tibétains et ça devait être on ne peut plus cool. Avec un peu de chance, on risquait même de tomber sur Richard Gere.

Manali était devenue une espèce de cocon et, à la pensée de quitter ce petit havre de sérénité orientale, je sentais la trouille refaire surface. Cependant, le fait de voyager en groupe me rassurait et, vu qu'il fallait bien bouger de toute façon, c'était encore la meilleure manière de le faire. Enfin Dharamsala devait être aussi tranquille que Manali, et le trajet ne serait qu'un gentil retour aux réalités du voyage.

Il s'est avéré qu'aucun d'entre nous n'a aimé Dharamsala, surtout parce que, le premier soir, nous avons mangé quelque chose qui nous a rendus malades. J'ai passé la plus grande partie de la nuit aux gogues, et Jeremy a vomi par la fenêtre de sa chambre. Je savais que c'était une erreur de commander une paella, mais le Woodstock avait l'air d'un restaurant propret, et puis ça nous changeait des currys.

Enfin Jeremy n'arrêtait pas de se lamenter que la ville s'était vendue aux marchands depuis la dernière fois qu'il y était venu, et que les Tibétains exploitaient à des fins commerciales ce qui à l'origine était un des hauts lieux de la spiritualité hindoue. Il se plaignait encore plus du fait que son sac brodé – une pièce unique, à l'en croire – se trouvait maintenant dans toutes les boutiques.

Rien que pour l'emmerder, j'en ai acheté un.

On a décidé de se reposer là quelques jours et puis de partir pour le Rajasthan.

Pour se rendre dans le Rajasthan, on devait se retaper la route en bus jusqu'à Delhi et, de là, prendre le train pour Jaipur. Une véritable expédition qui n'en finissait plus, le tout sous une chaleur d'enfer, une puanteur d'égout, et un confort de planche à clous. En plus, Ranj n'a pas tardé à bien s'entendre avec Jeremy, ce qui n'était pas pour me plaire.

Chaque fois que le bus ou le train s'arrêtait, Ranj et Jeremy, au lieu de pester contre la lenteur des choses, descendaient et bavardaient avec quiconque se trouvait là, achetaient de quoi manger et boire, consommant tout ce qu'ils pouvaient avant qu'on se remette péniblement en route. Dès que je me suis mis à faire comme eux, j'ai commencé à me marrer moi aussi.

Tout le secret consistait à prendre le voyage par un tout autre bout. Si vous le considériez comme un moyen d'aller d'un point à un autre, vous étiez cuits. Vous finissiez par vous ronger les sangs. Il fallait voir la route comme une manière d'être. C'était une activité en soi, un rituel social qui tournait autour de la conversation et de l'alimentation, et qu'interrompait de temps à autre la locomotion proprement dite. Dans le fond, chaque arrêt était une petite fête.

Pour la première fois, je conversais avec des Indiens, et même s'ils parlaient trop petit-nègre pour qu'on aborde des sujets intéressants, ils étaient la plupart du temps très amicaux et allaient même jusqu'à m'offrir le thé. Je ne voulais pas qu'ils payent pour moi, mais ils insistaient. C'était une expérience assez troublante, car j'avais jusqu'ici été fidèle à la théorie du ne-jamais-faire-confiance-aux-Indiens-sont-rien-qu'une-bandede-bandits-qui-croient-avoir-le-droit-de-te-dépouiller-parce-que-tu-mérites-pas-d'être-si-riche-et-que-tu-as-le-sang-de-l'Empire-sur-les-mains-aussi-même-s'ils-sont-amicaux-fais-gaffe-ils-attendent-quelque-chose-de-toi. Une tasse de thé leur coûtait seulement deux pennies ; il n'empêche, je ne comprenais dans quel but ils mettaient la main au porte-monnaie. Si encore ils avaient attendu de moi que je me porte garant pour une demande de visa. Peut-être que faire ami avec moi faisait-il partie de quelque obscur projet à long terme. En tout cas, c'était appréciable d'être traité avec tant d'hospitalité.

Partout ailleurs, des foules d'Indiens essayaient de me traîner dans leur boutique, leur restaurant, leur hôtel ou leur rickshaw ou ne m'adressaient la parole que pour me demander de l'argent. Dans le train, j'étais dans une zone de non-harcèlement. Les gens m'ignoraient ou me parlaient sans autre but que de faire la parlote. Après plusieurs tasses de thé offertes par des gens qui disparaissaient ensuite sans me demander mes nom et adresse, j'ai commencé à soupçonner que c'était peut-être de la pure gentillesse. C'était très étrange.

J'avais également pensé jusqu'ici que la route était le supplice qu'il fallait endurer pour atteindre le lieu que vous désiriez visiter, mais il m'apparaissait que c'était peut-être le contraire… que les arrêts touristiques n'étaient qu'un pensum temporaire avant de reprendre le sac. Je sentais que mes « Nnnnn » se muaient en « Mmmm ».

Jeremy connaissait un mêêêrveilleux hôtel et, à peine arrivés dans Jaipur, il a insisté pour qu'on aille tout de suite y jeter un œil. Vrai, c'était chouette, et on a pris des chambres, posé nos bardas et passé le reste de la journée à glander.

Liz et moi, on était là à paresser dans notre chambre, quand je lui ai demandé si elle n'en pinçait pas pour Jeremy.

« Sois pas idiot.

– Je suis pas idiot.

– Bien sûr que non, j'ai pas le béguin pour lui. Il porte la barbe.

– Tu le jurerais ?

– Et après, si c'était le cas ?

– Le cas de quoi ?

– Si j'en pinçais pour lui.

– J'en sais rien…

– Tu t'accordes un droit de regard sur mes attirances, maintenant ?

– Non, je pensais seulement que toi et moi…

– Quoi, toi et moi ?

– Tu sais bien, depuis que nous…

– Nous quoi ?

– Depuis qu'on a… une espèce de… relation sexuelle.

– On a pas de relation sexuelle, Dave.

– Non ?

– Bien sûr que non. Écoute, je veux qu'on arrête cette histoire. De toute façon, j'arrive jamais à te faire comprendre les choses.

– Mais... on a quand même été...

– J'aime James. Combien de fois faut-il que je te le répète pour que le message rentre dans ton cerveau obtus ? Il ne se passera jamais rien entre nous.

– Il s'est déjà passé quelque chose.

– Ce qu'on a fait ne veut rien dire du tout. Je pensais que c'était clair. Tu l'as dit toi-même... on est des copains, et c'est juste pour le pied. Mais non, il faut que tu continues à te raconter qu'on est amoureux ou je ne sais quoi. À partir de maintenant, c'est terminé. Tu n'es pas capable d'assumer.

– J'ai jamais dit qu'on était amoureux. Je suis pas amoureux. Je croyais seulement...

– Écoute, tu t'es fait des idées, et tu as pensé que ça pourrait marcher, et je t'ai dit que ça mènerait nulle part. Maintenant, on arrête, point final.

– Hé ! je t'ai seulement demandé si tu en pinçais pour Jeremy. Alors, oublie ma question. Désolé de l'avoir posée. On en parle plus et on redevient copains comme avant.

– Eh bien, justement, j'ai pas envie de m'engager sur une pente savonneuse. Mon cul ne t'appartient pas, que je sache.

– Putain ! j'ai jamais prétendu le contraire !

– C'est pourtant ce que tu laisses entendre, et tu ne me dirais pas tout ça si tu ne pensais pas avoir un droit de propriété sur…

– Mais qu'est-ce que tu racontes ?

– Écoute, je suis libre de mes actes, et je te le redis, on est rien d'autre que des amis, si tu sais ce que le mot veut dire.

– Oh, va te faire foutre !

– Me parle pas comme ça !

– On est pas seulement des amis.

– Détrompe-toi.

– Non, j'ai gueulé, parce que, pour commencer, je t'aime même pas. Putain, merde. Je sais pas comment je peux te… tu es infernale ! Tu es… tu es… j'arrive pas à le dire… je sais même pas par où commencer. Quand tu parles, on dirait que c'est ton cul qui… j'veux dire que c'est rien qu'un tas de… de… PUTAIN D'ENFER ! »

Soudain, j'étais seul dans la chambre, assis sur le lit, à pleurer, enfin presque.

Je suis ressorti une heure plus tard pour découvrir Jeremy qui faisait son intéressant devant Liz et une bande de quatre anciens camarades de collège. Ces derniers étaient en train d'évoquer ce « sacré bon vieux temps » quand Jeremy était leur chef de chambre, trois ans plus tôt. Ils étaient rasés de près et ressemblaient à

Rupert Everett. Traitez-moi de parano, mais j'aurais juré rien qu'à son expression que Liz avait une érection.

Comme de bien entendu, la soirée a été dédiée à ces touchantes retrouvailles, avec Jeremy dans le rôle de l'hôte, Liz, de l'hôtesse, et moi, du trouble-fête. Ranj a préféré sagement aller voir ailleurs.

Ça faisait déjà un bon quart d'heure qu'ils s'ébahissaient de l'incroyable hasard d'une telle rencontre, et j'en ai eu ma claque.

« Écoutez, c'est pas vraiment une coïncidence. Tout ce pays pourrait aussi bien être une annexe d'élèves de terminale dans votre genre et, en plus, vous fréquentez les mêmes hôtels, alors pourquoi vous la bouclez pas un peu sur le zazard pour échanger vos idées merdiques sur l'Inde éternelle ?

– Du calme, est intervenu Rupert 1. Tu n'as pas besoin de nous parler comme ça.

– Je me fiche de ce que tu peux dire, a ajouté Rupert 2. Moi, je pense que c'est une sacrée coïncidence. Je veux dire, combien de gens compte ce pays ? Des sacrés millions. Et nous ne sommes que quatre. Oui, c'est une sacrée coïncidence.

– Sauf que vous faites tous le même circuit et fréquentez les mêmes établissements, j'ai répliqué. Et ce ne serait pas une « sacrée » coïncidence non plus si vous vous retrouviez à la Chambre des Lords dans quarante ans.

– Oh, ce serait donc une conspiration ? a dit Rupert 3.

– Difficile d'ignorer Monsieur Rabat-Joie, ici présent, a dit Jeremy. Il se prétend de la classe ouvrière, mais il a fait le collège. C'est un éteignoir social.

– Je n'ai pas été dans un collège. J'ai fait une école privée avec une bourse.

– Avec une bourse ? Oh, on va bientôt apprendre qu'il est l'aîné d'un pauvre métallo. »

Je ne me sentais pas d'humeur à discuter. J'ai essayé de m'intéresser à mon curry. Je n'avais pas faim, mais je ne voulais pas montrer à Liz que j'allais mal, alors je me suis forcé à prendre une bouchée.

« Il avait raison, vous savez, a dit soudain Rupert 4. À propos du hasard. »

Un silence est tombé, et Jeremy, Liz, et les Rupert 1, 2 et 3 ont fusillé l'incongru du regard.

Le malheureux a rougi comme une pivoine. « Désolé », il a marmonné, avant de plonger le nez dans son assiette.

Le repas a repris. « Devine d'où on vient, a dit Rupert 1 à Jeremy.

– Pushkar.

– Sacré bon sang, a dit Rupert 2. Comment le sais-tu ?

– Une supposition raisonnée.

– Vous voyez ? j'ai dit.

– Et où avez-vous dormi ? a demandé Jeremy.

– Krishna Rest House, évidemment, a répondu Rupert 1.

– Alors, vous êtes passé à côté du Peacock Holiday Resort ? a dit Jeremy en secouant la tête d'un air navré.

– Pourquoi, c'est encore mieux que le Krishna ? a demandé Rupert 4, encore rose soutenu.

– C'est une merveille. Il y a un jardin enchanteur. Le seul ennui, c'est qu'on se fait réveiller le matin par les cris des paons. »

Liz en a poussé un hoquet de plaisir anticipé. « Oh, mon Dieu. Ç'a l'air génial. On ne pourrait pas y aller ? » Elle est restée interdite, réalisant qu'elle avait posé la question à Jeremy et pas à moi, alors elle a tenté de se rattraper en me demandant avec un sourire affligeant d'hypocrisie : « On ira ? »

J'ai répondu oui d'un haussement d'épaules.

« Et c'est bon marché ? a demanda Liz, se tournant derechef vers Jeremy.

– Qu'est-ce que tu crois ? Est-ce que je t'ai déjà conseillé un seul hôtel qui était cher ?

– Non.

– Le Peacock est un trésor. Alors il vaut mieux ne pas en parler autour de soi, sinon ils augmenteront les prix.

– Des paons ! Qui te réveillent le matin ! Mmmm… qu'il me tarde d'y être !

– On a pas encore visité Jaipur, je lui ai fait remarquer.

– Inutile de s'attarder ici. C'est beaucoup trop touristique.

– Comment peux-tu dire ça ? T'es même pas encore sortie de l'hôtel.

– Je sais bien, mais tous les voyages organisés passent par ici. Des bandes de vieux friqués qui voyagent en autocars à l'air conditionné pour voir Delhi, Jaipur et Agra. Tout le monde sait ça.

– Le Triangle d'Argent, a ajouté Rupert 4.

– Non, le Triangle d'Or, vieille branche, a rectifié Rupert 3.

– Désolé, a marmonné le corrigé.

– Elle a raison. » C'était au tour de Jeremy de mettre son grain de sel et, surtout, de sable. « Jaipur a du charme, mais il est bousillé par tous ces abonnés aux deux semaines de visite guidée et qui se fichent éperdument du pays. Ce qu'ils veulent, c'est des cartes postales grandeur nature, acheter des tapis merdiques et repartir chez eux contents et persuadés d'avoir pénétré les mystères de l'Asie. Et qui paye la note, après leur passage ? Les routards.

– Cococomment peux-tu dire ça ? a bredouillé Rupert 4.

– Ils sont riches, tu comprends ? Leur bus est une espèce de cocon ultraconfortable, et ils débarquent dans toutes les places touristiques sans avoir la moindre idée du prix des choses, alors ils sont heureux de payer le double pour n'importe quoi, ce qui donne mauvaise réputation aux Occidentaux et rend la vie difficile aux vrais voyageurs, ceux qui essaient d'acheter au même prix que les gens du pays.

– C'est vrai, ça, j'ai dit. On n'a pas envie d'appeler trop souvent papa pour qu'il nous envoie de l'argent. »

Jeremy m'a jeté un sale regard.

« C'est bien vrai, a dit Rupert 1. Je déteste demander à mon paternel. Je trouve cela humiliant, et il me tarde de m'établir pour... pour l'inviter un soir à dîner. Ce serait vraiment épatant.

– Sacrément épatant », a confirmé Rupert 2.

Le lendemain, on est allés au Palais des Vents, Ranj et moi, et ça me fait mal de le dire, mais Jeremy avait raison au sujet des touristes. J'ai tout de même aimé le fameux palais, même si je l'ai trouvé moins beau que sur les photos.

Dehors, j'ai surpris Ranj à donner de l'argent à un mendiant.

« Comment reconnais-tu les vrais mendiants des faux ? je lui ai demandé.

– Non, mais c'est quoi, un faux mendiant pour toi ?

– Ben, c'est un mendiant qui fait le métier de taper les touristes.

– T'es vraiment le type le plus parano que j'aie jamais rencontré. Un mendiant est un mendiant. Un pauvre type sans un rond. Qui vit dans la rue.

– Oh.

– Tu ne leur donnes jamais quelque chose ?

– Jeremy dit qu'il ne faut pas. Il dit que les Indiens, eux, ne font jamais l'aumône.

– Quel menteur ! C'est rien qu'un p'tit branleur et un foutu radin.

– Et toi, tu donnes toujours ?

– Toujours, non. Mais c'est comme… en Angleterre. Si j'ai de la ferraille dans la poche et que l'envie m'en prend, j'file dix balles.

– Et beaucoup de gens font ça ?

– J'en sais rien. J'suis pas une caméra de surveillance. Et puis, il existe pas de règlement pour ce qu'on doit faire ou pas faire, non ?

– Ouais, bien sûr. »

Je me sentais vraiment mal. Et tout ça, c'était de la faute à Jeremy.

On racontait partout dans l'hôtel qu'un jeune tigre s'était échappé de sa cage au zoo de Jaipur en se faufilant entre les barreaux. Il avait, disait-on, fait un carnage dans un petit village voisin. On a tous trouvé l'histoire hilarante et typiquement indienne, jusqu'au moment où un Français est arrivé avec une nouvelle version. Il jurait tenir de source sûre que le tigre en question avait tué un routard. Il y en a eu quelques-uns pour en douter, mais il y en a eu d'autres – dont notre petite bande – pour le croire.

Manifestement, Jaipur devenait dangereux, non seulement à cause du fauve assoiffé de sang mais encore parce que Liz gigotait du croupion à la seule vue des Rupert, alors j'ai rapporté que Jeremy ne s'était pas trompé, que la ville était à chier et qu'on ferait mieux de filer sans tarder à Pushkar. Mais Ranj n'avait pas envie de repartir tout de suite, et je me suis retrouvé confronté à l'horrible perspective de voyager seul avec Jeremy et Liz.

« Pourquoi vous voulez déjà partir ? a demandé Ranj.

– Trop de touristes, ici.

– Mais t'as rien vu encore.

– Et le Palais des Vents ?

– La ville est grande. Il y a plein de trucs à découvrir.

– Tu sais, on aime pas trop les villes. Trop de bruit, trop de gens, trop matérialiste.

– Et vous allez où ?

– Pushkar.

– C'est où, ça ?

– T'as dû en entendre parler, non ?

– Non. Et il y a quoi d'intéressant là-bas ?

– Paraît que c'est vachement cool. Il y a un lac et…

– Et quoi ?

– J'en sais rien. On dit que c'est bien, un peu comme Manali, mais avec un lac au lieu des montagnes.

– Ouais, ç'a l'air pas mal.

– Et puis, tu sais jamais, si tu traînes trop longtemps ici, tu risques de te faire repérer. À Pushkar, tu courras pas ce risque. C'est rien qu'un village.

– T'as peut-être raison. C'est vrai qu'il y a du monde, ici.

– Et puis, là-bas, il y a des paons à l'hôtel où on va.

– Et alors ?

– J'sais pas, c'est sympa, non ? Allez, viens avec nous. On rigolera.

– J'vais y réfléchir. »

Ce soir-là, j'ai envoyé le réceptionniste lui demander s'il était bien Ranj Pindar… de la famille Pindar ?

Il est venu avec nous.

Qu'est-ce qui est génial ?

C'est à Pushkar que ça s'est mis à mal tourner entre Liz et moi. On était en train de lire dans le jardin de l'hôtel (moi, un Wilbur Smith, Liz, *Traité du zen et de l'entretien des motocyclettes*, qu'elle avait récemment échangé contre la *Baghavad Gita*), quand elle a bondi subitement de sa chaise en poussant un cri perçant.

« Oh, mon Diiiiieuuu !

– Que se passe-t-il ? » j'ai demandé, alarmé, mais elle ne m'a pas répondu et, sprintant jusqu'à l'entrée de l'hôtel, elle s'est jetée sur une fille qui venait juste d'arriver avec son barda sur le dos.

« Fee ! »

La Fee en question s'est retournée et a regardé Liz d'un regard de poisson.

« Fee… c'est toi ? a demandé Liz.

– Oui, je suis Fiona.

– C'est moi… Liz. »

Il y a un silence pendant lequel la Fiona a scruté Liz puis, la mémoire semblant lui revenir, elle a hurlé encore plus fort que Liz : « Oh, mon DIIIIIIEEEEEUUUU ! LIZZY !

– Fee !

– Lizzles !

– Fifi !

– C'est tout simplement… Diêêu !… incroyable ! Mais comment ça se fait que… depuis combien de temps… Merde ! par où commencer ?

– On… a… tellement… de choses à se raconter. »

Elles ont encore passé dix bonnes minutes à vocaliser leurs prénoms sous toutes les formes jusqu'à atteindre d'étranges onomatopées tout en admirant leurs bijoux réciproques, avant que Liz pense à me présenter.

« David, mon compagnon de route. »

Fee m'a tendu une main molle et moite que j'ai serrée en réprimant un frisson.

« Enchantée, elle m'a dit, et voici mon amie Caroline », elle a ajouté en se tournant vers une grande gigue.

Je n'ai pas tardé à apprendre que Fiona et Liz avaient fait toute l'école primaire ensemble et qu'elles ne s'étaient plus revues depuis sept ans, après que les parents de Liz eurent emménagé ailleurs.

Fiona est montée avec Caroline dans leur chambre pour « se rafraîchir », promettant de redescendre tout de suite pour pa-po-ter. Elle a reparu fissa comme promis, le visage décrassé et ses cheveux gras brossés et noués en arrière. On ne pouvait pas dire que ce bref toilettage ait amélioré son look.

« C'est sîîî bon de te revoir, elle a susurré en serrant la main de Liz.

– Et quelle coïncidence.

– Stupéfiante.

– Incroyable.

– Je suis persuadée que Krishna a voulu qu'on se revoie, a déclaré Fiona, sinon ça ne serait pas arrivé.

– Mais... mais d'où viens-tu ? J'veux dire, depuis combien de temps tu es en Inde ?

– Caz et moi, on vient de passer trois mois à la léproserie d'Udaipur.

– QUOI ! » Mon bouquin m'en a glissé des mains.

« Ouais, et c'était fascinant. »

J'ai repoussé ma chaise d'un bon mètre, au cas où. « Tu dis que tu as passé trois mois chez les lépreux ! ?

– Oui, au Centre de Réhabilitation de la Léproserie d'Udaipur.

– Putain de Dieu ! Et pourquoi faire une chose pareille ? j'ai demandé.

– Mais parce que c'est extraordinaire.

– Oh, c'est ce que j'ai toujours voulu faire, a dit Liz.

– Quoi, quoi ? »

Liz m'a jeté un regard noir. « Je ne te l'ai jamais dit parce que je savais que tu ne comprendrais pas. À la vérité, j'en ai toujours rêvé. » Elle s'est retournée vers

Fiona, et son visage s'est radouci. « Fee, ma chérie, dis-moi comment c'était ? Stupéfiant, non ?

– Oh, absolument. Je ne suis plus la même depuis.

– Tu m'étonnes.

– Comment ça, tu n'es plus la même ? j'ai voulu savoir.

– Eh bien… mon karma est complètement différent. »

Je ne voulais même pas savoir ce que ça pouvait bien vouloir dire.

« Dieu, c'est renversant, a ajouté Liz.

– Tu vois, j'ai tellement appris sur moi-même… et sur la guérison… et tout, quoi.

– Mais comment as-tu fait pour pouvoir entrer là-bas ? J'ai entendu dire que les places étaient très demandées.

– J'ai eu de la chance. Une amie de ma mère dirige une organisation caritative qui s'occupe des lépreux à Londres, alors elle a bien voulu mettre mon nom en tête de liste. Je pourrais lui glisser un mot pour toi, si tu veux.

– Oh, tu ferais ça ? Ce serait génial. Tu sais, je reviendrai ici, ma décision est prise, et la prochaine fois j'aimerais tellement donner quelque chose à l'Inde en échange de tout ce qu'elle m'a apporté.

– C'est exactement pour ça que je l'ai fait. D'accord, je n'étais encore jamais venue ici, mais je savais comment ça serait, et avec cette introduction à la léproserie, c'était une occasion que je n'aurais voulu rater pour rien au monde.

– Mais... c'est pas dangereux ? j'ai demandé.

– Ne sois pas bête. La lèpre n'est pas une maladie incurable si on la traite à temps. Et elle n'est pas aussi contagieuse qu'on le pense.

– Mais... c'est dégoûtant.

– Il faut pas s'arrêter à ça. Je dois avouer qu'au début j'ai souffert, mais maintenant je me sens mieux parmi les lépreux que parmi les bien portants.

– Et... tu soignais les gens, là-bas ?

– Non... le centre n'accueille que des malades qui ont atteint le seuil incurable. C'est ce qui fait qu'Udaipur a tellement de succès.

– Comment ça, du succès ?

– Oui, parce que c'est... c'est monstrueusement fascinant. Tu as là-bas les pires estropiés que tu puisses imaginer, et tu dois les laver et les aider à marcher et à vivre avec leur mal.

– Les laver, tu dis ?

– Oui, et je suis devenue accro à ça.

– QUOI ?

– C'est horrible au début, mais une fois qu'on s'est habitué, c'est un sentiment merveilleux.

– Pourquoi ?

– Parce qu'une fois que tu as fini, tu te sens tellement... bien.

– Tu peux m'expliquer ?

– Tu te sens… pleine de bonté. Tu sais que tu es sur le chemin d'un karma positif. Tu as l'impression de t'être lavée de tous les horribles privilèges avec lesquels tu es née, et tu n'es plus qu'une humble personne qui frotte le dos sale et plein de croûtes d'un lépreux qui est en train de mourir. C'est absolument enivrant.

– Oh, il faut que je le fasse, a dit Liz. Il le faut absolument.

– Mais… mais ça n'est pas… euh… déprimant ?

– Au contraire. Udaipur est vibrant d'optimisme.

– Mais tu disais que c'étaient tous des incurables.

– Ils le sont, mais ils sont tellement gentils. J'veux dire, il ne leur reste rien, ils ont été rejetés par leurs propres familles, ils vont mourir, mais ils sont encore capables de rire et de voir la vie positivement.

– Ouais, tu parles.

– C'est la vérité.

– C'est pas possible.

– C'est la vérité, je te dis. Le centre pratique une sélection. Les demandes d'entrée sont innombrables, et pour avoir un lit on leur fait passer un interrogatoire pour s'assurer qu'ils ont une bonne disposition d'esprit.

– Et c'est quoi, une bonne disposition d'esprit ?

– Une attitude positive. Il faut être po-si-tif. Tu comprends, s'ils faisaient tout le temps la tête, le personnel et les bénévoles seraient découragés et personne n'y trouverait un bénéfice.

– Attends, tu es en train de me raconter qu'on sélectionne les malades pour le confort du personnel ?

– Tous les hôpitaux fonctionnent comme ça. On ne veut pas de toi si tu n'as pas la bonne maladie ou si tu n'es pas assez malade. L'interrogatoire permet de mettre les choses au clair. Et je peux te dire qu'ils ne seraient pas aussi bien traités ailleurs. C'est pour ça qu'il y a là-bas une si bonne atmosphère. C'est un endroit merveillêûx.

– C'est ignoble.

– Quoi… tu penses que ce serait mieux de ne pas s'en occuper du tout ?

– Non, je parle de sélectionner les malades comme ça…

– Mais il faut bien le faire. Ici, les lépreux poussent sur les arbres.

– Oui, mais…

– Maintenant – je te dis ça entre nous – le programme d'éducation du gouvernement commence à faire de l'effet, et les réserves de lépreux commencent à diminuer un peu.

– Les réserves… ? »

On a été interrompus par l'arrivée de Caroline.

« Sââluuut, elle a chanté.

– Sââluuut, a chanté Fiona en retour. Ça va mieux ?

– Moyen.

– Tu as encore été ?

– Trois fois.

– Dieu ! Ça s'arrange pas, alors ?

– Nnnn.

– Tu ne penses pas qu'il serait temps de consulter un médecin ?

– Je croyais qu'on avait décidé de ne plus faire confiance aux docteurs.

– On pourrait peut-être dénicher un homéopathe.

– Si tu penses que…

– Tu es malade ? j'ai demandé.

– Ouais, j'arrête pas d'aller aux toilettes, et j'ai perdu je ne sais plus combien de kilos.

– Quelle chance tu as, a fait remarquer Liz.

– Je sais, mais je commence à m'inquiéter un peu parce que je m'évanouis trente-six fois par jour.

– Vous croyez pas à la médecine et vous venez de travailler dans un hôpital ? Expliquez-moi, j'ai dit.

– C'était pas un hôpital mais un hospice, m'a répondu Fiona. Et c'étaient des guérisseurs, pas des docteurs.

– Quelle est la différence ?

– Les docteurs soignent les maladies. Les guérisseurs guérissent la personne.

– Et en cas de chiasse aiguë, c'est qui le mieux ? »

Liz m'a jeté un regard désespéré.

Elle prend de la hauteur

L'arrivée de Fee et de Caz a annoncé le commencement de la fin. Liz s'est mise à se lever chaque matin avant le petit déjeuner pour s'en aller méditer avec les deux autres et, sous leur influence, a amorcé une métamorphose située au carrefour des princesse Anne, Mère Teresa, Gandhi et Russell Grant.

Pendant ce temps, Ranj déjantait de plus en plus. Tout s'est déclenché quand il a acheté un chilum, qui est en gros un croisement entre la pipe et le cornet acoustique, bref un cône utilisé pour fumer le hasch en grande quantité. Un seul chilum, et la population de Barnet serait stoned pendant une semaine. Ranj, lui, a pris l'habitude de s'en taper un entier tout seul. Au petit dèje, et puis un autre à midi.

D'ordinaire, c'était impossible de tirer deux fois sur un joint sans qu'un parasite vienne se poser à côté de toi et entame le bout de gras dans l'espoir d'une bouffée. Le chilum de Ranj, toutefois, était tellement impressionnant qu'il décourageait même les aspirateurs. Et le spectacle qu'il donnait – un Indien au regard halluciné en train de sucer un porte-voix d'où s'échappait une colonne de fumée à défoncer un vol de corneilles suffisait généralement à faire fuir tout routard passant par là. Et Ranj continuait ses fumigations en roulant des yeux, injuriant de temps à autre des passants qu'il prenait pour des membres de sa famille. Parfois, il lui arrivait de tourner de l'œil.

J'ai beau être un ardent partisan de la défonce, j'avais du mal à trouver du plaisir dans la compagnie de Ranj. Je finissais même par l'éviter et passais en conséquence la plus grande partie de mon temps à Pushkar à lire mon Wilbur Smith dans un coin.

Quant à Jeremy, il s'était fait exclure de la Cour par Fee et Caz. Mais il avait l'air de s'en foutre, et je décelais même en lui du soulagement à ne plus être dans les faveurs de Liz. Lui aussi lisait. Un bouquin intitulé : *Les Leçons de Don Juan : Les Enseignements d'un sorcier yaqui*, de Carlos Castaneda.

Un jour, mû par un vague élan de sympathie envers un compagnon d'exil, je lui ai demandé de quoi ça parlait.

« C'est un *must* », il m'a répondu de ce ton prétentieux que j'avais oublié.

Adieu, sympathie.

« Tiens… lis la quatrième, il a ajouté en me tendant le livre.

"*Don Juan* nous offre une qualité d'expérience ontologique à côté de laquelle la rigueur scientifique est en danger de sombrer dans l'insignifiance. Theodore Roszak".

– Merde alors ! Ça m'a l'air chouette.

– Je te l'échange contre ton Wilbur Smith, quand j'aurai fini.

– Marché conclu. »

Un matin, je boulottais un cake à la banane quand Liz, Fee et Caz, de retour de leur séance aurorale, se sont installées à ma table pour prendre leur petit dèje (un œuf à la coque chacune, si ça vous intéresse).

J'aurais de loin préféré qu'elles me laissent seul avec Wilbur et mon gâteau, mais elles pensaient sûrement que la politesse exigeait qu'elles viennent poser séant en face de moi, piétinent ma tranquillité et m'assourdissent de leur jacassement cent pour cent débile sans, bien entendu, m'adresser un seul mot.

Je me suis efforcé de les éliminer de ma perception et de me concentrer sur la bananité de mon cake, mais l'invasion était par trop brutale.

« Tu y es parvenue, aujourd'hui ? a demandé Fee à Liz.

– Quoi… au nirvana ? Tu plaisantes ?

– Non, pas au nirvana. À l'autre. Celui dont je t'ai parlé… en dessous du nirvana mais au-dessus de la sérénité. Comme ce niveau s'appelle déjà ?

– Thingamabob, a dit Caz.

– Oui, celui-là.

– J'ai certainement atteint la sérénité, a affirmé Liz.

– Formidable, a dit Fee. C'est la base, tu vois. Tu es sur la bonne voie.

– C'est la première fois que j'y arrive vraiment.

– Oh, je suis tellement contente pour toi. Dis-moi ce que tu as ressenti.

– Euh… une espèce de… euh…

– Tranquillité ? » j'ai proposé.

Pas de réponse ni regard.

« C'était comme si… mon corps appartenait à quelqu'un d'autre, tu sais, et que j'étais rien qu'une invitée dans ma tête et j'avais l'impression de m'élever et de… de voir le monde de très haut.

– C'est hallucinant, a dit Caz. C'est plus que de la sérénité, ça. Je crois même que c'est l'étape suivante. J'ai rarement pris de la hauteur moi-même.

– Vraiment ?

– Ouais, tu te démerdes super bien. »

Liz a poussé un soupire extatique.

« Je suis têêllement contente de vous avoir trouvées, elle a dit en leur touchant la cuisse à l'une et à l'autre. Vous m'avez ouvert les yeux sur… sur… sur le MONDE ! »

Mince alors, j'ai pensé, elle a pété les neurones, cette fois.

« Mon karma, elle a poursuivi, a changé. Je suis entrée dans un nouveau royaume. »

J'en avais assez entendu comme ça.

« Karma ? j'ai répété. Karma, mon cul, oui. Feriez mieux de vous envoyer en l'air, vous trois, au lieu de prendre de la hauteur assises sur vos fesses. »

Un grand silence pas serein s'est fait. Fee et Caz m'ont regardé d'une expression jumelle étrangement absente de colère ou même de reproche. Apparemment, elles avaient plutôt de la peine pour moi. À leurs yeux, j'avais rejoint la colonie des lépreux.

Liz, elle, ne risquait pas de faire dans la compassion de confection. Elle avait dégainé son regard de silex. Celui qui taille et tranche. Celui qui tue ou aimerait le faire. En clair, ses yeux me disaient : « Cette fois, mon p'tit salaud, c'est ter-mi-né. » J'avais atteint le bout du chemin. Dorénavant, je n'existerais plus pour elle.

« Caz… Fee… », elle a dit en se levant.

Elles ont pris leurs œufs à la coque et se sont installées à une autre table.

Cet après-midi-là, Liz a entrepris en grand secret ostentatoire d'emporter son matelas et ses affaires dans la chambre de Fee et de Caz.

C'est donc ça !

Chère maman et cher papa,

Désolé de ne pas vous avoir écrit plus tôt, mais j'ai été incroyablement occupé. J'ai quitté l'Himalaya et suis à Pushkar, un beau et paisible village au bord d'un lac au milieu des déserts du Rajasthan, la région qui est peut-être la plus colorée de l'Inde, célèbre pour les saris chatoyants des femmes et les odorantes épices en vente sur les marchés. Je passe des jours très reposants ici, bien que ça ne soit pas la joie entre Liz et moi depuis peu. On est comme qui dirait en froid, mais je suis sûr que ça s'arrangera.

Avec toute mon affection,

Dave.

Quelques jours plus tard, je sirotais ma cinquième tasse de thé de l'après-midi dans la cour de l'hôtel, quand j'ai perçu un crissement de pneus de voiture devant l'entrée. Il n'y a pas des masses de bagnoles en Inde, et encore moins à Pushkar et encore encore moins des qui roulent assez vite pour piler des quatre fers, aussi j'ai interrompu ma lecture pour voir de quoi il retournait.

Un gros type avec une moustache, en costard et cravate, est entré d'un pas précipité dans la cour, l'air stressé à mort. Il nous a bien regardés les uns et les autres puis, quand il a vu dans le coin Ranj l'Écroulé, il s'est mis à beugler.

Ses cris ont attiré trois autres personnes, dont l'une était une femme en sari. Elle a jeté un coup d'œil en direction de Ranj, a poussé un hurlement et s'est évanouie. Les deux autres étaient des types jeunes, en jeans et T-shirts impeccables.

« Putain de sale petit con », a gueulé l'un d'eux en marchant sur Ranj. J'ai reconnu l'accent de Putney. C'était manifestement le frère. Il a attrapé Ranj par le bras et l'a violemment relevé, mais l'autre ne tenait pas sur ses jambes, alors le deuxième jeune s'est approché et lui a pris l'autre bras, et tous les deux ont emmené le fugueur hors du patio.

Ranj ne m'a pas paru prendre conscience de ce qui se passait, jusqu'à ce que je l'entende crier : « ATTENDEZ… ATTENDEZ… ! UNE MINUTE ! »

Et puis il a reparu, les jambes flageolantes, et s'est avancé vers moi.

« J'veux te donner ça, il m'a dit en me mettant le chilum dans la main et en refermant mes doigts sur le machin encore chaud.

– Merci, mec. »

Il m'a jeté un dernier regard t'en-fais-pas-j'pars-seulement-aux-galères et s'en est allé se rendre à un frangin impatient.

Ils ont de nouveau disparu. J'ai entendu le moteur de la voiture démarrer et puis s'arrêter quelques secondes plus tard. Une portière a claqué, et il y a eu des éclats de voix. J'ai vaguement perçu : « Laisse tomber, il en vaut pas la peine. »

Il y a eu un silence, et puis le plus grand des deux frères a fait de nouveau irruption dans la cour, s'est dirigé vers moi, m'a empoigné par la chemise, m'a soulevé de ma chaise et m'a collé durement contre le mur.

« C'est toi, son dealer, hein ? il m'a hurlé au visage. C'EST TOI ? C'EST TOI QUI LUI AS FAIT ÇA ?

– Non, mec, j'ai jamais dealé de ma vie, j'ai bredouillé, soudain convaincu que j'allais mourir.

– C'EST TOI QUI LUI AS VENDU CETTE MERDE ? C'EST TOI ?

– Nooonn. Je… j'le jure devant Dieu.

– PUTAIN, J'DEVRAIS TE DESCENDRE !

– Vous vous trompez de personne. Je vous le jure. Sur la vie de ma mère. »

Il m'a lâché avec un méchant grognement.

« Pourriture. T'es qu'une putain de pourriture. »

Sur ce, il a glavioté sur mes pompes et a fait demi-tour.

Le réceptionniste de l'hôtel lui a crié quelque chose en hindi, et en réponse le frère a jeté par terre quelques billets froissés avant de disparaître.

J'ai rentré ma chemise dans mon pantalon et essayé de reprendre mon souffle. Un silence pesant s'était abattu dans la cour, et tout le monde me regardait. J'ai bien essayé de glousser et de dire que ce type avait pété les plombs, mais aucun son n'a pu sortir de ma gorge.

Et puis j'ai remarqué que Liz, Fee et Caz avaient suivi toute la scène depuis le balcon. Liz, ça se voyait gros comme le Taj Mahal, en mouillait presque de plaisir, mais elle avait verrouillé tous les muscles de son visage pour garder sa petite joie mesquine bien au chaud derrière le rideau de l'impassibilité.

Fee et Caz, à en juger par leurs tronches, semblaient plutôt éprouver de la compassion pour moi.

Je m'étais à peine remis de ma rencontre avec la mort que Liz est descendue du temple qu'était la chambre de Fee et de Caz pour m'annoncer une « nouvelle ».

« Que se passe-t-il ? Que se passe-t-il ? j'ai répété, encore ébranlé.

– J'ai pris une décision. Il y a quelque chose que je dois accomplir.

– Quoi ?

– Eh bien, voilà... Fee et Caz m'ont parlé d'un endroit, pas très loin d'ici, où j'ai envie d'aller.

– Et alors ?

– Ce n'est pas le genre de lieu qu'on va simplement visiter. Si on veut aller là-bas, il faut s'engager à y rester au moins deux semaines.

– Quoi ! Et pourquoi ça ?

– C'est un ashram.

– Un ashram ? C'est quoi, ça ?

– Un lieu de méditation, de réflexion et d'accomplissement spirituel.

– *Accomplissement spirituel* ? Qu'est-ce que tu racontes ?

– Écoute, j'ai pas envie de m'engager sur ce terrain avec toi, d'accord ? Tu es tellement imperméable à… à tout ce que ce pays essaie de t'enseigner, et puis je pense qu'on devrait s'en tenir aux faits. Je vais à l'ashram avec Fee et Caz.

– Pendant deux semaines ?

– Au moins.

– C'est donc ça !

– C'est donc ça quoi ?

– Tu m'abandonnes. Je me retrouve tout seul.

– Non, c'est pas ça. Je comprends très bien que t'aies pas envie de nous suivre à l'ashram, mais on peut toujours se retrouver…

– Un peu que j'ai pas envie de venir à l'ashram. J'suis pas pressé de me faire laver le cerveau par une bande de tarés à clochettes qui chantent Hare Krishna. Non, pas question. Je m'approcherais même pas…

– Arrête. ARRÊTE ! J'ai pas envie d'entendre ça. Tes préjugés me font…

– PRÉJUGÉS ! Je n'ai pas de préjugés. J'veux pas finir en tournant autour de Leicester Square en robe orange, le crâne rasé et dire à tous les passants que je les aime.

– C'est bien ce qu'on appelle des préjugés, au cas où tu ignorerais la signification du mot. Il est question ici d'une religion suivie par des centaines de millions de gens, et toi, tout ce que tu vois, c'est la parodie occidentale de la plus grande philosophie orientale. Tu as l'esprit tellement fermé que je me demande pourquoi tu es venu dans ce pays.

– Parce que tu m'en as persuadé.

– Non, pas de ça. C'est toi qui voulais venir.

– Oui, parce que je pouvais rester avec toi. Et maintenant, tu désertes.

– J'obéis à un… un appel. Tu peux venir avec moi ou me rejoindre plus tard, mais je ne vais pas sacrifier cette chance unique pour satisfaire ton étroitesse d'esprit.

– Et moi, j'vais pas perdre mon temps à t'attendre. On a un itinéraire à respecter. Il y a tout un pays qui attend dehors et j'ai pas l'intention de m'installer à vie à Pushkar. À quoi bon venir en Inde si c'est pour rien voir ? Je dois reprendre la route. Aller à Goa.

– L'impatience est un trait typique de l'homme occidental. Tu ne le réalises pas, mais tu es devenu une caricature de toi-même.

– Moi, une caricature de moi-même ? C'est à mourir de rire !

– Ah oui ?

– Ouais, parce que toi, t'es devenue une sacrée connasse, j'vois pas d'autre mot. Et t'as pas assez de personnalité pour devenir une parodie de toi-même. T'es devenue la caricature de quelqu'un d'autre. Fiona est une des plus grosses tarées de la Terre, et toi, t'as rien trouvé de mieux à faire que de l'imiter. C'est pathétique.

– Tu m'aurais dit ça une semaine plus tôt, tu aurais réussi à me foutre en colère. Heureusement pour toi, j'ai fait de grands progrès en quelques jours et j'ai réussi à me connaître suffisamment pour qu'un petit con de ton espèce ne puisse m'atteindre. Mon vrai moi est tout simplement étanche à des types comme toi. Quoi que tu dises, tu ne peux pas me toucher, non, espèce… DE MERDE ! D'ÉTRON AMBULANT ! DE MINABLE MERDEUX CYNIQUE À LA CON ! JE TE HAIS ET JE VEUX PLUS JAMAIS TE REVOIR ESPÈCE DE PUTAIN DE CONNARD ! TU ME RENDS MALADE ! »

Échange au croisement des cultures

C'est ainsi que je me suis retrouvé tout seul comme un grand. Ranj avait été kidnappé par sa famille, Liz s'en était allée jouer les Hare Krishna, et Jeremy était, en tant qu'être humain, une cause perdue. À part eux, je ne connaissais personne dans tout le pays.

J'en avais ma claque de Pushkar. Après ma dispute avec Liz, je sentais que je devais bouger pour ne pas donner l'impression que j'avais peur, mais à la seule pensée de voyager en solitaire mes boyaux déjà secoués se déballonnaient.

Je ne voulais pas être seul. Mais alors pas du tout. Il y avait cependant une chose au monde qui aurait été pire que la solitude, ç'aurait été la compagnie de Jeremy.

Pushkar était une si petite ville qu'il n'y avait même pas de gare. La plus proche était à quelques heures de bus, à Ajmer. Alors que je gagnais à pied la station des autobus pour prendre un billet pour Ajmer, j'avais le sentiment d'être un de ces vieux types qui traînent dans les parcs, lancent du pain aux canards, sortent leur sandwich d'un sac en papier et essaient de lier conversation. C'était glauque. J'avais dix-neuf ans, et déjà je m'imaginais en vieillard esseulé.

Je n'arrivais pas à me rappeler avoir jamais été aussi SEUL. C'était une étrange sensation, un rien excitante sur le moment, mais je savais bien qu'une fois que je m'y serais habitué, ce serait épouvantable.

Notre plan prévoyait un arrêt à Udaipur, à Ahmedabad et à Bombay, avant de poursuivre vers Goa, mais j'ai décidé d'oublier l'itinéraire prévu et d'aller directos à Goa. Cela signifiait que j'allais traverser la moitié du pays d'une traite, mais je ne me voyais pas du tout m'arrêter dans des villes où je finirais seul dans une chambre d'hôtel, sans autres routards. Bien sûr, il devait bien y avoir des gens dans ces endroits, mais j'avais déjà appris que dans les grandes agglomérations, les voyageurs étaient rarement amicaux. Et puis, de toute façon, je m'en fichais de voir Udaipur, Ahmedabad et Bombay. Une ville est une ville, non ?

Si je pouvais seulement serrer les dents et tenir jusqu'à Goa, je ferais sûrement des connaissances une fois là-bas. Il y avait des chances que je rencontre quelqu'un avec qui faire la route. Peut-être même une fille. À ce qu'on racontait, tout était possible à Goa.

J'ai consulté la carte de l'Inde dans Le Livre et j'ai calculé que la largeur de mon petit doigt correspondait en gros à trois cent cinquante kilomètres. J'ai ensuite mesuré la distance entre Pushkar et Goa, et ça faisait six largeurs de petit doigt. Deux mille cent kilomètres ! Je préférais ne pas savoir combien mesurait le pays du nord au sud, ça m'aurait déprimé.

J'ai refermé Le Livre. Le voyage s'annonçait long. Mais ça vaudrait le coup à l'arrivée. Après tout, j'avais toujours mes deux cents préservatifs avec moi. (Heureusement, les condoms étaient dans mon sac et, quoi qu'il se passe quand on se dirait adieu, Liz et moi, je veillerai à emporter les deux cents, et pas un de moins.)

Une fois que j'ai eu mon billet pour Ajmer, j'ai passé le reste de la journée à rédiger mon discours d'adieu à Liz.

« Je comprends que les choses ont été difficiles et, quoi qu'il arrive, on ne pourra jamais dire qu'on s'est quittés en bons termes, mais je veux que tu saches que je te pardonne de m'avoir abandonné. Je te souhaite bien du bonheur dans ton voyage spirituel et je te remercie de m'avoir procuré la chance de voyager seul en Asie. »

Hélas, quand je me suis réveillé le lendemain matin, elle était déjà partie. J'ai trouvé un mot glissé sous ma porte.

D,

Au revoir,

Paix,

L.

Je l'ai froissé avec rage puis, décidant de le garder, je l'ai lissé à même le sol et glissé dans Le Livre.

J'ai alors réalisé avec effroi que je m'étais levé tard et que je risquais de rater mon bus. C'était Liz qui se chargeait toujours du debout-on-est-à-la-bourre. Merde. À la vérité, elle s'occupait de mal pas d'autres choses aussi.

Je me suis habillé en cinq sec, j'ai fourré mon bordel dans le sac, enfilé mes pompes, et vérifié sous le lit, puis il m'est venu une idée, et j'ai vidé toutes mes affaires sur le matelas pour compter les boîtes de condoms. Tiens, j'en étais sûr. Il en manquait deux.

Un putain d'ashram qu'elle allait visiter, ouais ! Typique. C'était donc ça qu'elle entendait par accomplissement spirituel. Bien d'elle, ça.

Je contemplais la pile de boîtes sur le lit, leur emballage de film plastique intact, et j'avais un méchant bourdon. Merde, j'étais qu'un raté. Putain de misère, j'étais bon pour entrer chez les moines.

Très bien, j'avais manqué le coche, mais il n'était pas question que le bus parte sans moi. J'ai tout remballé et fait fissa jusqu'à la station. Je suis arrivé avec un bon quart d'heure de retard sur l'horaire, mais suffisamment en avance à mon goût pour découvrir avec horreur que les trois premiers sièges de devant étaient occupés par Liz, Fee et Caz.

Ma place à moi était juste derrière et, quand je suis monté, Fee et Caz m'ont gratifié du sourire qu'elles devaient réserver aux lépreux négatifs. Liz a regardé ailleurs.

C'était un trajet tout ce qu'il y a de plus court, mais Caz a réussi à dégueuler deux fois par la fenêtre. Du fait de la vitesse du véhicule et de nos deux fenêtres ouvertes, j'ai reçu ma part de vomi en pleine gueule.

Que pouvais-je souhaiter de plus, j'ai pensé en essuyant de mon visage des restes de lentilles prédigérées. D'abord, elle pique ma compagne de voyage, ensuite elle me gerbe dessus. T'aurais pas d'autres désirs, Caz ? Chier dans mon lit, par exemple ?

Ajmer n'est pas le genre d'endroit qui vous donne envie d'y faire halte, et comme les trois spiritualistes étaient dans le même bus que moi, il y avait fort à parier qu'elles poursuivent en train. On ne s'est pas adressé la parole de toute la route, même pas, par exemple, pour s'excuser des éclats de gerbe, aussi les détails de leur voyage demeuraient-ils pour moi un mystère.

La station des autobus à Ajmer n'était pas grande et il y avait très peu de véhicules en instance de départ. Il était donc de plus en plus probable que mes trois Krishnanas prennent le rail. La gare ferroviaire était à l'opposé du terminus des bus et, après avoir vu les trois tordues s'entasser avec leurs sacs à dos dans un rickshaw, j'en ai pris un autre pour moi tout seul et les ai suivies à travers la ville.

J'ai fini par les perdre de vue dans le grouillement de la circulation mais les ai retrouvées devant le guichet de la gare, où elles faisaient la queue pour l'express d'Udaipur. Elles ne se sont pas retournées vers moi, mais rien qu'à la raideur de leurs gestes et à leurs chuchotements vipérins, je savais qu'elles avaient enregistré ma présence.

Au bout de dix minutes, Liz, n'en pouvant plus, a fait volte-face, rouge de colère.

« Tu nous suis ou quoi ?

– Non.

– Alors, dis-moi ce que tu fais ici. Ou plutôt ce que tu cherches à faire.

– Rien. Je vais dans le Sud, alors j'prends le train comme tout le monde.

– C'est une forme vicieuse de vengeance ?

– J'vois vraiment pas de quoi tu parles. Où est-ce que j'pourrais aller d'après toi ? Rentrer à Delhi ?

– Très drôle.

– C'était pas une blague.

– Tu cherches à nous intimider, mais ça ne marchera pas.

– Putain, je cherche rien du tout. Je poursuis ma route, c'est tout. Udaipur et Ahmedabad. »

Elle m'a regardé, fouine soupçonneuse.

« Tu n'as pas dit que tu allais à Goa ?

– Ouais, j'vais à Goa, et je m'arrête aussi en route. J'suis pas pressé d'arriver là où tout le monde va, j'ai aussi envie de visiter l'Inde profonde. »

Le soupçon dans ses yeux s'est encore épaissi.

« On va descendre avant Udaipur – je ne te dis pas où – mais si jamais tu nous suis, j'appelle la police.

– Ouais, c'est ça.

– Je ne plaisante pas.

– Et ils me feront quoi, les flics ?

– Ça dépendra de ce que je leur aurais dit sur toi.

– Hé ! Liz, lâche-moi la grappe, tu veux ?

– Non, toi, lâche-moi.

– Écoute, je sais même pas pourquoi je te parle, parce que j'me vois vraiment pas te suivre dans ton sordide petit centre de lavage de cerveaux. Je vais à Udaipur, point final.

– Tes mensonges ne m'amusent plus, David. Je t'ai prévenu, continue et je vais chercher la police. »

Quand je suis arrivé au guichet, j'ai essayé d'expliquer à l'employé que je ne désirais pas être dans le même compartiment que les trois Anglaises. Il m'a fallu un temps fou pour lui faire entendre ce que je voulais mais, à la fin, il a poussé un soupir, hoché la tête et dit qu'il comprenait.

J'ai payé mon billet, et quand il me l'a passé sous la vitre, il m'a fait un grand clin d'œil et m'a dit qu'il m'avait placé juste à côté des demoiselles.

Dans le train, j'ai été accueilli par trois regards de glace et des dos tournés accablants d'opprobre. J'ai eu le sentiment que je passais de l'état de vieux esseulé qui nourrit les canards au vieux dégueulasse avec sa surprise phallique sous l'imperméable.

Au bout d'un moment, le type assis à côté de moi m'a souri et m'a demandé : « Ces filles ton amie ? »

Il portait une chemise verte en nylon, trempée de sueur par endroits, et on aurait dit qu'il venait de se laver dans de l'huile. On était serrés l'un contre l'autre sur la banquette, mais à chaque fois que je tentais de créer un petit espace entre nous son gros cul le comblait séance tenante.

« Non, pas mes amies, j'ai répondu.

– Vous parler avec filles, oui ?

– Non, pas parler avec filles.

– Pourquoi ?

– Elles pas mon ami. »

Le bonhomme m'a regardé comme si j'étais fou, d'une part parce que je lui parlais un anglais pidgin pire que le sien et d'autre part parce que je n'avais pas envie d'engager la conversation avec la gent féminine.

« Elles pas bonnes, j'ai ajouté dans une tentative d'explication.

– Elles jolies filles, il m'a répondu en coulant vers moi un œil saillant comme une érection.

– Croyez-moi, elles sont à gerber.

– Gerber ?

– Elles mauvaises. Très mauvaises.

– Mauvaises filles drôles.

– Pas elles. Pas rigoler avec elles. »

Il a hoché la tête d'un air de sympathie, manifestement persuadé que j'avais perdu la tête.

« Comment toi appeler ?

– Dave.

– D'où venir toi ?

– Angleterre.

– Ahhh ! Angleterre très bon. Toi mariage ?

– Non.

– Toi travail ?

– Étudiant.

– Ah, très bon. »

Arrivés là, on s'est retrouvés un peu à court d'essence. Il y a eu un long silence. J'ai réalisé que j'aurais dû l'interroger à mon tour sur ses nom, âge et profession, histoire d'être poli, mais je n'en avais pas la force. Le silence a été brisé quand le type assis en face de moi, un qui avait l'air tellement malade que j'étais content de ne pas être son voisin de banquette, s'est penché en avant et a essayé de m'en serrer cinq.

« Bonjour, je lui ai dit avec un petit geste de la main.

– Bonne journée, monsieur, il m'a répondu en me prenant le genou.

– Comment toi appeler ?

– Dave.

– D'où venir toi ?

– Angleterre.

– Ahhh ! Angleterre très bon. Toi travail ?

– Étudiant.

– Ah, très bon. »

Voilà, je faisais connaissance avec les gens du pays. Un échange interculturel. Fascinant.

Quand, quelques heures plus tard, les trois ashramerdeuses ont quitté le train, j'ai feint de ne rien remarquer. Elles ont essayé de se la jouer avec décontraction, discrétion et, surtout, sérénité mais, à la seconde où elles ont posé le pied sur le quai, elles sont parties comme un pet vers la sortie et ont disparu à ma vue dans un dernier brinquebalement de sacs à dos.

Et voilà, j'étais lonesome.

Le shampouiné à l'huile a claqué la langue et puis des doigts et secoué la tête en direction des trois grâces disparues. « Filles belles. »

Je comprenais ce qu'il entendait par là. Dans le langage international des gras du bide sevrés de sexe, ces gestes et ces paroles voulaient dire : « Dommage, mon pote… mais ces gonzesses-là, elles étaient pas pour nous, de toute façon. »

Alors, j'ai claqué la langue et puis des doigts et secoué la tête.

Il a rigolé et m'a donné une tape sur le genou.

C'était un rien déprimant tout de même de constater que je parlais si bien le Gras-du-Bide-Sevré-de-Sexe.

Et je ne suis pas du Surrey

À l'arrivée en gare d'Udaipur, j'ai été le dernier à quitter le compartiment. Le quai était presque désert – pour un quai indien, bien sûr, ce qui voulait dire qu'on pouvait de temps à autre apercevoir un bout de sol dans le tourbillon des corps.

À la sortie, j'ai jeté un coup d'œil aux taxis et aux rickshaws. En dépit de l'heure tardive, il y avait de l'animation et, me souvenant de ce que j'avais dit à Liz, je me suis senti tenu d'étendre ma visite de la ville au-delà de sa gare ferroviaire.

Un chauffeur m'a abordé et a essayé de m'entraîner vers son rickshaw, mais j'ai réagi si brutalement qu'il a battu en retraite. Ce petit pète-sec de Jeremy avait raison : on finissait par être violent pour avoir la paix, et ce changement se faisait à notre insu. On s'apercevait seulement qu'on était beaucoup moins sollicité et harcelé qu'au début.

Cette pensée m'a procuré une seconde de bonheur, avant que la déprime ne pointe de nouveau son nez chagrin. Il ne fallait pas que je me laisse abattre, aussi j'ai décidé de m'autoriser une petite faiblesse. Je n'allais pas m'emmerder avec Udaipur. Je m'offrirais un « cabinet particulier » (ce sont de toutes petites chambres d'hôtel qu'on trouve dans la plupart des gares ferroviaires en Inde) et prendrais le train pour Ahmedabad le lendemain matin.

Je suis allé faire la queue au guichet. Il n'y avait plus une seule place en seconde pour Ahmedabad, et, dans le cadre de mon programme de bien-être émotionnel, je me suis payé un billet en première. Ça m'a coûté le budget de quatre jours de voyage, mais qu'est-ce qu'on ne ferait pas pour soi-même.

Cette fois, la félicité a duré une bonne seconde et demie, avant que, paf ! je me reprenne un coup de blues.

Surprise, mon cabinet particulier – une boîte de la dimension d'un placard – était propre et bien rangé, ce qui, je ne sais pourquoi, m'a autant découragé que s'il avait été sale et en désordre. La netteté de la pièce, le désert du lit, le dessin du tapis, le trou dans le grillage au-dessus de la fenêtre, la forme de mon sac à dos, soudain tout ce que rencontrait mon regard ajoutait à mon malheur.

J'ai décidé de me remonter le moral en écrivant une carte postale. J'en ai trouvé une froissée parmi mes affaires et me suis assis à la petite table bancale dans le coin.

Chère maman, cher papa,

Udaipur est une ville colorée et fascinante du sud du Rajasthan. Je viens juste d'arriver et j'espère visiter demain le Lake Palace Hotel, où a été tournée une scène d'un des James Bond. Liz m'a laissé tomber pour se tirer avec deux petites bourges comme elle, et c'est plutôt flippant de se retrouver seul. En plus, j'ai mal au ventre et, avec la chance que j'ai, je vais sûrement tomber malade, ce qui n'est pas le moment, parce que personne ne sera là pour veiller sur moi. Cela dit, ne vous inquiétez pas, je suis sûr que tout finira par s'arranger.

Je vous aime,
Dave.

P.-S. : Comment ça va à la maison ?

J'ai posé la carte sur mon sac à dos, éteint la loupiote et me suis couché. Les draps me semblaient relativement propres, mais ma solitude me filait un tel bourdon qu'il m'était impossible de ne pas penser à tous les couples qui avaient dormi dans ce lit et à la variété des actes auxquels ils s'étaient livrés sur ce matelas absorbant. J'ai commencé à avoir la bougeotte et il m'a paru urgent de me vider l'esprit.

J'ai rallumé, ouvert mon Castaneda et trouvé un peu de réconfort à la lecture des malheurs du narrateur (il dégueulait tripes et boyaux dans le désert mexicain et courait à poil autour d'un lac en se prenant pour un chien). Mais je n'arrivais pas à me concentrer sur une seule phrase à la fois et j'ai fini par écouter les trains qui passaient.

J'ai éteint et tenté de dormir, mais je n'arrêtais pas de penser à Liz. Je la revoyais assise en compagnie de Fee et Caz, à rigoler, méditer et me battre froid. Bien décidé à ne pas m'imaginer qu'elles étaient en train de prendre un pied gigantesque pendant que je crevais de solitude dans mon coin, j'ai essayé de les chasser de mon esprit. Le premier sujet qui les a remplacées s'est révélé plus déprimant encore : je n'arrêtais pas de compter les jours que j'avais passés en Inde et ceux qu'il me restait. Il me semblait d'une importance capitale de déterminer si le nombre des premiers dépassait celui des seconds. Pourtant je connaissais la réponse : j'avais plus de temps devant moi que derrière. Et c'était là que le bât blessait, parce que j'étais persuadé que les choses ne pouvaient qu'empirer, que mon voyage serait merdique jusqu'au bout.

Il me fallait absolument vider mon esprit de ces sales parasites, mais la tâche s'avérait impossible. Les images de Liz, Fee, Caz, Jeremy, ma mère et de bizarres coïts asiatiques dans les cabinets particuliers de la gare d'Udaipur emplissaient ma tête en une infernale noria, et je cherchais en vain quelques tuyaux sur la méditation que j'aurais pu saisir parmi les bribes de conversation entre les trois acolytes de Krishna.

J'ai fini par me répéter sans cesse « faire le vide faire le vide faire le vide » jusqu'à ce que ces mots étouffent tous les autres, tandis que je m'efforçais d'imaginer la chambrette comme une boîte vide. J'étais distrait en permanence de ma tentative hypnotique par le sentiment que j'allais peut-être y arriver, mais finalement j'en ai déduit que j'avais dû m'endormir, parce que je me suis réveillé et il faisait jour.

Avec la nouvelle journée, je me suis senti moins cafardeux et j'ai pris un petit dèje au restaurant de la gare. C'était pas mal d'être seul, pour finir. J'avais le sentiment d'être courageux, ce qui n'était pas désagréable. À observer les autres gens qui mangeaient en groupes, il m'est venu l'idée que je devais avoir l'air mystérieux. Et ça aussi, c'était pas dégueu comme feeling. Je ne m'étais jamais senti mystérieux auparavant. Et puis, cerise sur le gâteau, mon omelette avait un goût d'œufs. Oui, pas de doute, c'était un bon jour. Hier, je me suis dit, c'était la tasse, aujourd'hui, c'est la classe.

J'avais tout faux. Mon compartiment d'Udaipur à Ahmedabad était occupé par une famille comptant un chiard qui hurlait tout le temps, une gamine qui boulottait tout le temps, un gniard un peu plus grand qui cognait tout le temps sur le petit hurleur, une mère qui frappait le frappé qui se plaignait d'être frappé par son frangin, enfin un père qui donnait l'impression d'être au bord du suicide. Ils étaient tellement bruyants et prenaient tellement d'espace que j'ai passé les onze heures de trajet en ayant l'impression d'être un travailleur social indésirable en visite prolongée chez une famille de psychotiques.

Ahmedabad puait la merde au sens organique du terme et j'ai dû puiser sans compter dans mon budget « mesures d'urgence antidéprime » pour prendre le premier train pour Bombay.

Il faisait nuit depuis longtemps quand on s'est enfin ébranlés. Je me sentais... fragile, alors je me suis réfugié dans ma couchette en haut et me suis efforcé d'oublier où j'étais. D'ordinaire, je laissais mon sac sous le lit du bas mais, entouré comme je l'étais d'inconnus, la seule manière de s'assurer contre le vol était de s'en servir comme oreiller. Ça m'obligeait à avoir les pieds qui dépassaient entièrement au bout de la couche et gênaient tous ceux qui passaient dans le couloir. Pas contents de s'être pris un orteil dans l'œil, certains essayaient de me faire bouger mon sac, mais je feignais de ne pas comprendre ou de dormir.

Juste avant de glisser enfin dans le sommeil, j'ai entendu quelqu'un me dire en pidgin que c'était une insulte de montrer la plante de ses pieds à un Indien. J'ai pensé qu'il n'avait pas dû apprécier que je lui chatouille les narines avec une paire de chaussettes sales, et je me suis efforcé de replier mes jambes. Après tout, ce serait idiot de se faire lyncher parce qu'on essayait de ne pas se faire voler.

Je me suis éveillé à l'aube et j'ai fait une rapide reconnaissance dans le train, à la recherche d'autres routards, mais je n'en ai trouvé aucun. Je ne me sentais pas d'humeur à bavarder avec des Indiens et j'ai passé la plus grande partie de la matinée à déprimer sur ma couchette.

Vers midi, le train s'est arrêté au milieu de nulle part et, au bout d'un moment, les gens ont commencé de descendre. J'ai sauté de mon lit et suivi la foule dehors. On était sur un remblai élevé traversant une zone marécageuse. Une autre voie courait à côté de la nôtre. J'avais pensé que tout le monde était impatient de savoir ce qui se passait, mais je me trompais. Chacun s'étirait, fumait, papotait, pissait ou se dégourdissait les jambes. J'ai marché un peu, et il y en avait qui me souriaient ou me faisaient signe. Je leur rendais leur salut, mais j'évitais encore de leur adresser la parole, parce que ça finissait toujours par : « Bonjour, comment tu t'appelles ? D'où tu es ? Tu es marié ? », et je ne voulais plus entendre ça.

Et puis j'ai repéré un autre Blanc, en tête de train, près des premières classes. Il était assis sur le rail de l'autre voie, son regard tourné dans ma direction. Dieu merci ! Enfin quelqu'un avec qui parler !

J'en aurais sauté de joie. Je lui ai fait un grand signe de la main. Bien qu'il ait dû voir mon salut, il ne m'a pas répondu et a tourné la tête en direction des marais. Alors que j'approchais, trottinant presque, il a continué de m'ignorer, et pourtant il ne pouvait pas ne pas entendre le bruit de mes pas sur le gravier.

Je me suis assis sur le rail à côté de lui, et je dois dire que sa seule présence m'a calmé un peu.

« Salut », j'ai dit.

Il a attendu un moment, comme s'il espérait que je m'en irais, puis il s'est enfin tourné vers moi et m'a dit bonjour. Puis il m'a regardé. Vraiment regardé. On aurait dit qu'il cherchait je ne sais quoi sur mon visage.

Ne sachant que faire, je l'ai bien regardé à mon tour. Il n'était plus très jeune – entre trente et quarante ans – et avait d'épais cheveux vaguement coiffés avec une raie sur le côté et une barbe fournie mais courte. Ses yeux avaient quelque chose de troublant... un peu vitrés mais perçants en même temps. Et il ne portait pas l'uniforme du routard, mais un pantalon et une chemise.

« D'où es-tu ? je lui ai demandé.

– Bangalore », il m'a répondu, guettant ma réaction. J'ai essayé en vain de rester cool. Je voulais savoir d'où il était originaire. J'étais en train de chercher une manière de formuler différemment ma question sans qu'on y décèle une connotation raciste, quand il a dit : « Manchester. » Et puis, après une pause : « Reuters. » J'ai acquiescé d'un signe de tête, et il a ajouté : « Journaliste.

– Oui, bien sûr », j'ai dit.

Un grand bavard, ce mec. J'avais envie de lui faire observer qu'il avait passé trop de temps à envoyer des télégrammes et qu'il devrait apprendre quelques formules plus mondaines, mais il n'était pas le genre de type à qui on peut dire ça. À la vérité, on se demandait ce qu'on pouvait bien lui dire tout court.

Ça faisait une éternité que je n'avais pas parlé à… un adulte, quoi. Quelqu'un avec un travail. Quelqu'un d'autre que les Indiens – eux aussi travaillaient – je veux seulement dire un compatriote. Un Européen avec un emploi. Un type faisant quelque chose de concret.

Parvenu à ce point de ma réflexion, je n'étais pas plus avancé. J'ai tout de même tenté un timide : « Et où tu… vous allez ?

– Couvrir la grève. »

J'ai hoché la tête comme si je comprenais.

Il m'a regardé, et j'ai continué d'approuver du chef.

« Sais-tu au moins de quelle grève je parle ?

– La grève ?

– Oui, la grève.

– Euh… à vrai dire, j'ai pas lu les journaux depuis quelque temps.

– Le Congrès a débattu avec le BJP des quotas des Harijan dans l'enseignement supérieur, et le Maharashtran Sabha a été incapable de dégager un vote définitif susceptible d'écarter la menace de grève générale. Alors, ça va certainement péter.

– Certainement, j'ai dit en hochant la tête d'un air convaincu.

– Est-ce que tu sais de quoi je parle ?

– Euh… pas vraiment, non.

– Je recommence, le Congrès… »

J'ai bien essayé de me composer une expression qui voulait dire : « Continuez, je vous écoute » mais c'était plutôt « J'en ai rien à foutre de la politique » que j'avais tamponné sur tout mon visage.

« Sais-tu ce qu'est le Congrès ?

– Oui, bien sûr.

– Et c'est quoi ?

– C'est… le… parlement. Le parlement indien.

– Non, le parlement, c'est le Lok Sabha et le Rahja Sabha. Le Congrès, lui, c'est le parti au pouvoir.

– Ah ouais, c'est bien ce que je me disais…

– Et sais-tu qui sont les Harijan ?

– Oui.

– C'est qui ?

– C'est le parti de l'opposition.

– Putain, c'est pas croyable. Les Harijan sont les réprouvés de l'Inde. Les Intouchables. Les gens qui ont probablement balayé tous les sols sur lesquels tu as marché et nettoyé toutes les chiottes dans lesquelles tu as chié depuis ton arrivée dans ce pays. Ils sont les Harijan – qui veut dire en hindi « enfants du Seigneur », ainsi que les a appelés le mahatma Gandhi. Tu as peut-être entendu parler de lui ?

– Oui, merci, j'ai répondu d'un ton voulu sarcastique.

– Ouais, t'as dû voir le film, il a marmonné. Bon, laisse tomber. Laisse tomber. »

Puis il a secoué la tête et fait comme si je n'étais plus là. Avec un vague sourire sur les lèvres et un pli au front, il s'est replongé dans la contemplation du marécage.

Je trouvais ce type vraiment très grossier, et j'ai décidé que je n'allais pas me laisser humilier comme ça.

« Écoutez, je lui ai dit, vous êtes un journaliste, un professionnel. C'est votre boulot de connaître toutes ces choses. Moi, je suis rien qu'un voyageur. Un type en vacances. Et j'ai pas à réviser pendant mes vacances. J'ai tout le reste de l'année pour ça. »

Il s'est tourné lentement vers moi et a murmuré, apparemment pour lui-même : « Tu n'as pas à réviser pendant tes vacances. »

C'était ça, son idée de la conversation ? Décidément, c'était le mec le plus impoli que j'aie jamais rencontré.

Et puis, quelques secondes plus tard, il a répété, un peu plus fort et avec une étrange emphase : « Tu n'as pas à réviser pendant tes vacances.

– C'est exact, j'ai dit. Je n'ai pas à réviser pendant mes vacances. Ça vous pose un problème ?

– Non, il m'a répondu avec un sourire. Je pense que c'est très juste.

– Qu'est-ce que vous entendez par "juste" ?

– Université de la Vie. Première année : travaux pratiques d'aventure de haut niveau. Première épreuve : partir dans le tiers-monde et survivre. Il n'est exigé ni connaissances ni curiosité ni intelligence ni sensibilité. »

Ce type était incroyable.

« Écoutez, vous savez rien de moi. Vous savez pas pourquoi je suis ici. Vous savez pas ce que je pense. Et vous vous foutez pas mal de savoir pourquoi je suis venu ici et ce que ça signifie pour moi, alors vous… vous… avez pas le droit de juger le voyage que je suis en train de faire et mon… ma personnalité, d'accord ? »

Il a hoché la tête en souriant. « Tu as tout à fait raison. Je ne sais rien de toi. Rien du tout. Et pourtant je me permets de te juger. C'est horrible. »

Il m'a jeté un regard inquisiteur, mais comme j'ignorais ce qu'il me voulait encore, je me suis contenté de faire face.

« Tu as absolument raison, il a repris. Je suis complètement ignare, et pourtant je suis venu m'asseoir ici, à côté de toi, pour passer un bref moment en ta compagnie, avant de repartir avec le sentiment que j'avais appris quelque chose à ton sujet. C'est consternant. Je n'aurais pas dû m'approcher. Je n'aurais pas dû te faire perdre ton temps.

– Oh, je vois. C'est très fort. » J'ai détourné les yeux, m'efforçant de l'ignorer.

Plus loin, sur la voie, les voyageurs continuaient de bavarder et de fumer, tandis que le train ne semblait toujours pas près de repartir. Je ne pouvais pas dire que je venais de faire une rencontre amicale en la personne de ce journaliste, mais je n'avais pas envie de bouger. À vrai dire, je n'avais pas envie d'être seul.

« Peut-être bien que j'écrirai un article sur toi.

– Quoi ?

– Je disais que tu pourrais faire un sujet d'article.

– Moi ? Et qu'est-ce que vous pourriez bien dire de moi ?

– Je ne sais pas encore. Tiens… dis-moi ce que tu fais de tes journées ?

– Ce que je fais ?

– Oui. Comment emploies-tu ta journée ?

– Vous vous moquez de moi ?

– Non, je suis curieux de savoir. »

Je lui ai jeté un regard méfiant. « Eh bien, je voyage… je suis un routard.

– D'accord, mais c'est quoi ton occupation ? Comment tu t'organises pour ne pas mourir d'ennui ?

– On risque jamais de s'ennuyer ici.

– Tu ne réponds pas à ma question. Tu arrives dans une ville. Tu fais quoi ? »

Il avait l'air sincèrement intéressé.

« Eh bien, je débarque quelque part. Je cherche une chambre. Je traîne un peu à l'hôtel. Je fais un tour en ville. Je mange. Je lis. Je dors. Je bavarde avec les autres routards. Je pense à ma prochaine étape et puis vient le jour où il faut aller acheter son billet et ça, il faut s'y préparer, parce que c'est toute une aventure, j'veux dire, c'est des heures d'attente à faire la queue comme un con, on y perd facilement sa journée. Après ça, j'ai plus qu'à reprendre la route.

– D'accord. Alors, si je comprends bien, la chose la plus importante et celle qui demande le plus d'effort, quand tu arrives quelque part, c'est d'acheter un billet pour aller ailleurs.

– Non, j'ai pas dit ça.
– Si, tu l'as dit.
– Écoutez... oubliez-moi. Ce qui vous amuse, c'est de vous moquer, alors j'vois pas pourquoi je vous aiderais à écrire votre article merdique. Trouvez quelqu'un d'autre plus crédule.
– Oh, ça me suffit. J'ai déjà assez de matériel pour un portrait.
– Ah, ouais ? Et vous allez écrire quoi sur moi ?
– Oh, je dirai que... ce ne sont plus des hippies en mission spirituelle qui débarquent en Inde, aujourd'hui, mais de jeunes connards venus randonner en terre de pauvreté. Je dirai que, de nos jours, aller en Inde n'est pas un geste de rébellion mais bien plutôt une entreprise conformiste ouverte à des petits ambitieux des classes moyennes, désireux d'inclure dans leur curriculum quelque chose qui démontre un peu d'esprit d'initiative. Aujourd'hui, toutes les grosses sociétés cherchent des robots avec juste un poil d'audace, et rien de tel qu'un petit bain dans les foules du tiers-monde pour leur mettre le pied à l'étrier à tous ces futurs cadres. Vous venez ici et vous vous agglutinez les uns aux autres dans une espèce de confraternité professionnelle digne de ces séminaires dits de convivialité chers à certaines entreprises. Et puis, une fois accomplie la corvée d'avoir traîné ses pompes au milieu des miséreux, vous pouvez rentrer chez vous et prouver à vos employeurs que vous êtes fin prêts pour une vie de labeur. Je suppose qu'on pourrait appeler ça

une forme moderne de circoncision rituelle, une médaille de la souffrance à gagner pour être accueilli dans la tribu de la future élite britannique. Votre prétendu voyage n'a pour tout horizon qu'une bassesse travestie en ouverture de l'esprit. Vous n'avez pas la moindre curiosité pour l'Inde, pas l'ombre d'une sensibilité pour les difficultés qu'elle affronte. Vous traitez également les Indiens avec un mélange de mépris et de méfiance issus tout droit du colonialisme victorien. Votre présence ici est pour moi une insulte. Et les merdeux de ton espèce feraient mieux de repartir dans leur Surrey natal.

– C'est… c'est des conneries, j'ai répliqué, un rien chevrotant. Je respecte les Indiens.

– Ah oui ? Alors, pourquoi tu es venu depuis l'autre bout du train pour me parler ? Penses-tu que je sois le seul ici à parler anglais ?

– Non… je voulais seulement… écoutez, c'est facile pour vous d'enfiler tous ces clichés de merde, alors que vous séjournez dans des hôtels de luxe tous frais payés. Si vous passiez un peu de temps avec les vrais routards, vous verriez qu'il y a des tas de gens qui essaient de nous dépouiller. On est obligés d'être un peu méfiants. C'est de l'autodéfense.

– Les vrais routards. T'es impayable. Je ne l'oublierai pas, celle-là.

– Vous m'écoutez même pas. Si vous voulez mon avis, votre cynisme est vraiment triste. Et vous avez pas la moindre idée de ce que je suis venu chercher dans ce pays.

– Ouais, bien sûr.

– En tout cas, je suis ici. Y a beaucoup de gens qui sont contents de rien savoir du tout sur le tiers-monde. Moi, je suis venu voir.

– Et personne ne pourra plus te traiter d'ignorant.

– Bon, ça va, j'en assez entendu. J'me tire. »

Je me suis levé et suis reparti furieux en direction de ma voiture. Quand je me suis retrouvé assez loin, je me suis retourné pour le regarder une dernière fois. « ET JE SUIS PAS DU SURREY ! » je lui ai gueulé.

Il m'a souri et m'a adressé un grand signe de la main. « PROFITE DE TES VACANCES, PETIT ! il m'a crié. ET N'OUBLIE PAS DE MENTIONNER TON GRAND VOYAGE DANS TON PETIT C.V. ! »

Je lui ai fait un bras d'honneur.

La locomotive a poussé un sifflement, et tout le monde est remonté alors que le train s'ébranlait lentement. Décidé à détromper le journaliste, j'ai décidé de faire l'effort d'adresser la parole à un Indien. Il y avait un type assis dans le coin en face de moi, avec deux capuchons de stylos qui dépassaient de la pochette de son veston. J'en ai déduit qu'il savait donc écrire et qu'il devait parler anglais. Je lui ai souri.

« Bonjour, mon ami, il m'a dit.

– Bonjour.

– Comment toi appeler ?

– David.

– D'où toi être ?
– Angleterre.
– Toi marié ?
– Non.
– Toi travail ?
– Étudiant.
– Oh, très bon. »

Et voilà, j'ai pensé. On prend les mêmes et on recommence.

J'ai répondu par quelques questions de pure forme, ce qui m'a valu un discours long comme le *Mahabharata* sur les sentiers pris par le nombre infini de ses enfants enrôlés dans le service civil. Ç'a duré jusqu'à Bombay. Il a essayé de m'inviter chez lui à dîner, mais j'ai réussi à m'en débarrasser en prétextant un rendez-vous avec un ami.

À Bombay, il m'a suffi de renifler une seule fois la ville, pour savoir que je ne pourrais jamais y séjourner, et je suis entré dans la première agence de voyages pour acheter un billet d'autocar pour Goa (un moyen de transport plus rapide que le train selon Le Livre). Le car devait partir dans deux heures, il en a mis deux de plus avant de démarrer, et il lui en a fallu trois autres pour sortir de Bombay. Il était minuit passé quand on a enfin commencé à rouler, et j'ai alors décidé d'essayer de dormir un peu, juste au moment où le chauffeur a mis à fond la caisse une cassette de musique indienne.

Cette foutue bande a joué toute la nuit, périodiquement interrompue par moi qui lui gueulais de baisser le volume. Quand ça m'arrivait, tout le monde me regardait comme si j'étais fou. Apparemment, c'était une pratique courante chez les chauffeurs de se passer de la musique pour ne pas s'endormir au volant. À l'un de nos innombrables arrêts, j'ai acheté un paquet de biscuits, dont j'ai utilisé le carton pour tenter de me boucher les oreilles, ce qui n'a eu aucun effet acoustique et m'a seulement occasionné une gêne supplémentaire. J'ai aussi mangé tous les biscuits d'un coup par pure distraction, ce qui m'a collé mal au ventre. Le bus est finalement tombé en panne à mi-chemin, et c'est assis sur une pile d'essieux à l'arrière d'un camion que je suis arrivé à Panaji, la capitale de Goa. Dans un délire de colère, de frustration, de solitude et de mal aux fesses, j'ai réussi à prendre un bus qui m'a conduit à la plage. Je me foutais pas mal de la localité où il s'arrêtait, dès le moment où celle-ci était au bord de l'océan.

Je m'étais drôlement planté à propos des joies du voyage. Aller d'un endroit à un autre constituait la partie la plus éprouvante. Faire la route, c'était la tasse assurée, surtout si vous vouliez parcourir la largeur de six petits doigts d'une seule traite.

Confortablement paralysé

La mousson balaie l'Inde du nord au sud. Partant de l'Himalaya, elle descend jusqu'à la pointe méridionale du sous-continent. J'en avais eu un aperçu là-haut, à Manali, mais avoir parcouru près de deux mille kilomètres en direction du sud, je me retrouvais à la fois au milieu du pays et de ladite mousson.

J'avais atterri dans l'une des plus grandes stations balnéaires, appelée Colva Beach, mais elle semblait déserte à première vue. Il y avait encore plein d'Indiens, mais pas un routard en vue. Et la plupart des hôtels étaient apparemment fermés.

J'en ai tout de même déniché un d'ouvert (indiqué dans Le Livre), où j'ai pu prendre une chambre. Il était à peine quatre heures de l'après-midi, mais je me suis couché sur-le-champ.

Après un sommeil monolithique, je me suis réveillé le lendemain matin et je me suis mis en devoir de visiter les lieux. Les bars et les hôtels ne manquaient pas mais la plupart avaient les volets clos. J'ai descendu une rue appelée Tarmac, ai traversé une place déserte et suis arrivé sur la plage.

Le spectacle était stupéfiant. Des kilomètres de sable doré, des palmiers et… et la mer. Le ciel était couvert, l'air plutôt humide, mais ça n'était pas une raison pour tout fermer. Tout me paraissait normal. Et c'était magnifique. Et j'aurais pu me payer du bon temps si je n'avais été tout seul au milieu de cette immensité.

Je me suis promené le long de la plage pendant un moment mais je n'ai pas tardé à m'ennuyer. Pas à mort, mais assez pour me gâcher la vie. Je me suis assis dans le sable, j'ai regardé l'océan et me suis livré à un peu d'introspection : me voilà, me suis-je dit, dans un endroit superbe, excessivement tranquille, où récupérer d'un long et pénible voyage et savourer un repos bien mérité sans personne autour pour me stresser, sans Indiens pour me harceler, et avec une chambre d'hôtel confortable et pas chère où dormir. Jamais je ne m'étais senti aussi détendu, satisfait et confiant et, cependant, jamais je n'avais éprouvé un tel sentiment de misère. Dans mon immense solitude, je me disais que ma vie n'était qu'une imposture et que je n'étais qu'un branleur incapable d'avoir des amis. J'avais ce que je méritais. J'étais à des milliers de kilomètres de ceux pour qui je comptais encore, mais comme ils ne savaient même pas où j'étais, je pouvais crever demain, ils s'en foutraient pas mal. Et d'ailleurs je ne leur en voulais pas de me détester, parce que je n'étais rien qu'un égoïste, un ignorant doublé d'un indifférent aux difficultés des pauvres gens, un trou du cul, un lâche et un loser.

J'étais donc là à broyer du noir, quand j'ai perçu en moi un étrange plaisir se glisser en catimini dans mon malheur. Un léger frisson masochiste accompagnait cet autoportrait haineux, teintant mes émotions d'une mélancolie douce-amère.

Et soudain je me suis vu là, assis tout seul sur cette plage tropicale, le visage empreint de douleur et de gravité, et j'ai ressenti une formidable joie. Je venais de prendre conscience que je touchais au but de toute année sabbatique… au but du Voyage. Hosanna ! J'étais en train de me trouver moi-même.

J'en ai éprouvé un tel ravissement que j'ai bien failli pleurer, ce qui pouvait paraître une étrange réaction, parce que ce n'était pas des larmes de joie mais bien plutôt une chialerie genre à-quoi-bon-vivre. Aussitôt ça m'a mis les boules de gâcher de cette manière un instant si beau. Et des boules à la déprime, et de la déprime à la haine de soi il n'y avait que deux petits pas que j'ai franchis sans hésiter.

J'ai décidé de refermer le chapitre introspection. Cela ne me menait nulle part. Il n'empêche, je m'étais découvert, ce qui était une bonne chose de faite.

J'ai passé une semaine à Goa, parce que je me voyais mal affronter un nouveau périple, et j'ai peu à peu découvert qu'il y avait d'autres routards.

Je ne me suis pas beaucoup lié avec eux. Ils n'étaient pas anglais et appartenaient à une génération un peu plus âgée qui dédaignait les étudiants. Je parlais avec eux et ils se montraient plutôt amicaux, mais je n'arrivais à me défaire d'une impression d'être traité avec condescendance.

Il y avait une petite bande d'Australiens qui étaient marrants, mais ils avaient tous plus de vingt ans et une rudesse macho dans leurs manifestations d'amitié qui m'impressionnait un peu. Ils pensaient tous aussi qu'à mon âge on était qu'un gamin, et ça me tapait sur les nerfs de les voir se fendre la gueule sitôt que j'ouvrais la mienne. Et puis, je ne pouvais même pas leur raconter ce que j'avais fait et vu en Inde, parce que ça faisait des mois qu'ils faisaient la route et avaient tous des histoires incroyables à raconter… comment ils s'étaient perdus dans la jungle thaï avec des contrebandiers d'héroïne, avaient été rongés par la vermine dans une prison indonésienne ou avaient fait l'Everest en tongs et chemise hawaïenne.

Le délire hippy encens-haschich-tablas-harmonie cosmique, c'était pas leur tasse de thé, et ils avaient traversé l'Asie comme des Australiens, c'est-à-dire en descendant des litres de bière et en rigolant un max. Je ne les aimais pas beaucoup, mais je dois reconnaître qu'ils étaient cool et pas tristes.

Pour la première fois, je regrettais de ne pas avoir voyagé plus. Je n'avais jamais été jaloux auparavant des autres routards, parce que la plupart d'entre eux n'étaient pas des exemples de réussite sociale. Les gens de trente ans et plus qui étaient encore en train d'avaler la poussière des routes indiennes avaient l'air tellement paumés qu'on ne risquait pas de les envier. Quant à ceux de ma génération, ils ne risquaient pas de me faire de l'ombre. Non, c'était ceux de vingt, vingt-cinq ans qui m'en imposaient. Il y avait un je-ne-sais-quoi en eux qui donnait envie de leur ressembler. En leur présence, je me sentais petit. Je n'arrivais pas à être détendu quand je leur parlais, parce que j'avais peur de lâcher une naïveté.

Je me suis bien amusé un soir, quand l'un des Australiens a failli se bagarrer avec un hippy suisse. Il était tard, et tout le monde buvait depuis des heures dans le seul bar ouvert de la station, le Jimi Hendrix Experience. Le Suisse, un fort en gueule, essayait d'impressionner une fille en lui racontant comment il avait risqué sa vie en voulant entrer au Tibet et comment, à la fin, il avait dû renoncer.

Garth, une grande perche d'Australien, a interrompu le type en lui tapant sur l'épaule. « Hé, Pinocchio, il lui a dit, tu pourrais pas baisser le volume. On s'entend plus penser pendant qu'on boit, nous. »

Ça a fait rigoler la bande et moi aussi.

« C'est quoi, ton problème ? a demandé le Suisse.

– Eh bien, vois-tu, mon gars, primo, tu parles vraiment trop fort et secundo, tu racontes des conneries.

– C'est pas des conneries, mon ami. J'ai passé un mois à crever de faim en prison à Golmud, après que j'ai essayé de faire du stop jusqu'au Tibet. C'est pas des conneries.

– Écoute, camarade, c'est pas pour me vanter, mais le premier couillon venu avec deux neurones dans le cerveau sait que la route de Golmud est fermée depuis des années. Moi, j'ai réussi à entrer au Tibet il y a quelques mois en passant par la route du sud depuis Kashgar.

– N'importe quoi. J'ai essayé ce chemin, et il y a plus de barrages de police là-bas qu'à Golmud.

– Golmud vit d'un tas de routards qui veulent faire croire qu'ils ont essayé de passer au Tibet, mais c'est rien que du pipeau. Tous ceux qui veulent vraiment gagner Lhassa partent de Kashgar.

– De la merde. Je connais le coin et les barrages de flics sont infranchissables.

– Si t'es un vrai routard, tu réfléchis un peu et tu prends des risques calculés. Je me suis arrangé avec un chauffeur de camion qui connaissait tous les points de contrôle, et il me larguait juste avant. Je contournais le barrage par les collines et le type me reprenait un peu plus loin.

– C'est pas possible. Ça prend des semaines, un truc pareil, et il y a pas un seul village où s'approvisionner.

– Un peu que ça prend des semaines, et j'ai vécu de porridge que je partageais avec le chauffeur, mais c'est possible. Si tu veux, tu peux entrer au Tibet.

– T'es qu'un menteur et un crétin, l'Australien. Tout le monde sait que le Tibet est fermé aux étrangers.

– Ouais… officiellement.

– Tu mens. Personne laisse rester personne là-bas.

– J'ai pas dit que j'y étais resté. J'ai dit que j'y étais entré.

– À Lhassa ?

– À Lhassa.

– Tu bluffes.

– C'est la vérité, mec, alors je te suggère de la fermer et de te rasseoir.

– Et je suppose que t'as été aussi à Burma, hein ?

– Ouais, je suis allé à Burma. J'ai franchi la frontière à pied par la Thaïlande. Je suis resté deux semaines là-bas avec les rebelles.

– Facile, y sont des centaines à avoir fait ça. J'ai passé un mois en Afghanistan avec les moudjahidin.

– Eh bien, bravo, Pinocchio. T'es un vrai héros.

– Remballe tes sarcasmes, crétin d'Australien.

– C'est moi que tu traites de crétin ? C'est pas moi qui ai pas réussi à passer au Tibet.

– Si tu penses que j'ai gobé ton histoire, alors t'es vraiment un crétin.

– Va te faire foutre.

– Toi, va te faire foutre.

– Non, toi. »

Ils ont échangé des insultes pendant un moment, Pinocchio passant au suisse allemand, ce qui est une fameuse langue pour les insultes. Et puis ils allaient enfin se foutre sur la gueule, quand l'un des Australiens a emmené Garth, lui a mis une bouteille de bière dans la main et lui a dit qu'il ferait mieux de prendre un autre acide.

Au bout d'une semaine de semi-solitude et de supportable ennui, je suis tombé sur deux Anglaises en vacances. Deux étudiantes de l'université de Newcastle. L'une, Claire, était plutôt moche, mais l'autre, Sam, était d'une beauté à tomber, et en plus pas bêcheuse du tout. Je crois qu'elle ne réalisait pas à quel point elle était bandante. Avec ses cheveux noirs coupés à la garçonne, ses lèvres pulpeuses et ses yeux verts pétillants, elle devait être soit aveugle soit idiote de ne pas tomber amoureuse d'elle-même à chaque fois qu'elle se regardait dans un miroir. Après ces braillards d'Australiens, c'était un soulagement de rencontrer quelqu'un de presque mon âge et d'avoir une conversation qui n'était pas un troc d'anecdotes de risque-tout.

Il s'avéra qu'elles séjournaient dans la station voisine depuis une quinzaine de jours et qu'elles s'apprêtaient à faire le voyage au Kerala. J'ai immédiatement misé une moitié de mensonge en leur disant que ça alors, c'était exactement ce que je me préparais moi-même à faire. Je ne voulais pas qu'elles me prennent pour un triste paumé en mal de compagnie, mais à la vérité je me sentais incapable d'entreprendre seul un autre grand trajet. L'air raisonnablement enthousiaste à l'idée qu'on voyage de concert, elles m'ont donné rendez-vous le lendemain matin pour prendre nos billets. Je ne pouvais pas savoir ce qu'elles pensaient, parce que je ne leur avais pas vraiment laissé le choix de me dire non, mais j'avais bon espoir de me faire apprécier d'elles, si elles m'en donnaient le temps.

De Goa au Kerala, ça fait une trotte. On a décidé de prendre un train de nuit pour Bangalore, de passer un moment là-bas, puis de poursuivre quand on serait prêts.

Notre train est parti de la gare de Margao en fin d'après-midi, arrivée prévue à Bangalore le lendemain midi. J'étais tellement soulagé de voyager de nouveau accompagné que je devais refréner ma joie. Si je me montrais trop heureux d'être avec elles, je courais le risque de passer pour un faible.

J'étais assis à côté de Sam, tandis que Claire, en face de nous, piquait du nez sur son bouquin. Sam et moi on s'est mis à bavarder sitôt que le train a démarré et, au bout d'une heure la conversation a dérivé sur la famille, un terrain favorable à l'invention de particularités susceptibles de vous rendre intéressant. C'est ainsi que j'ai parlé de la personne que j'aimais le plus au monde, mon petit frère trisomique, un garçon d'une sensibilité bien plus grande que tous ceux que je connaissais. Elle m'a entretenu de son fiancé (très ennuyeux), puis de ses parents et de leur couple qui traversait une phase difficile, avec sa mère qui avait peut-être un amant. J'acquiesçais de temps à autre d'un grognement, bien trop ivre de désir pour formuler un commentaire intelligent. Je veux dire que si la fille avait hérité le feu au cul de la mère…

Et puis le soir a commencé de tomber, et la vue par la fenêtre est devenue d'une incroyable beauté. Les rizières s'étendaient à l'infini, et des silhouettes d'enfants, de buffles et de paysans s'y découpaient sous une lumière douce et il se dégageait de ces scènes champêtres une atmosphère de paix extraordinaire. Alors que le train traversait lentement les villages, les champs défilaient tel un infini patchwork de verts et les enfants nous adressaient de grands signes.

Sam avait un Walkman à doubles écouteurs, et elle a passé *Delicate Sound of Thunder* des Pink Floyd, qu'on a écouté tandis que le soleil se couchait. Je n'avais pas écouté de musique depuis mon départ d'Angleterre, et ce paysage, cet album, la présence de cette beauté à côté de moi, tout cela était stupéfiant. J'avais l'impression de baigner dans l'essence de la vie.

Si vous aviez vu ce que je voyais à ce moment-là, vous sauriez que la campagne indienne a été dessinée au son de la musique des Pink Floyd. Vraiment. Quand Dieu a composé cet ensemble de rizières, il écoutait, c'est sûr, *Comfortably Numb*.

Tout le monde l'a chopée

Le premier jour à Bangalore, je me suis levé tôt pour prendre un petit déjeuner, que je projetais de faire durer pour être encore à table quand Sam et Claire descendraient. Ça me permettrait de leur demander de manière détachée ce qu'elles comptaient faire de leur journée et, avec un peu de chance, de la passer avec elles.

Les clients arrivaient et repartaient, pendant que j'attendais les deux filles en chipotant mon omelette.

Il ne devait pas être loin de midi quand j'ai enfin abandonné. Il n'y avait plus personne dans l'hôtel, et je me suis préparé à une journée de pesante solitude dans Bangalore. Et puis, juste au moment où je sortais, je suis tombé sur elles.

« Où étiez-vous ? je leur ai demandé avec plus d'impatience que je n'aurais voulu.

– Oh, on s'est levées tôt pour aller à la gare, m'a répondu Claire.

– Ah oui. » J'ai eu un pincement au cœur. « Vous avez pris vos billets ?

– Oui, a dit Sam, on n'a pas trop envie de rester ici. »

J'ai attendu qu'elles m'éclairent sur leur destination, mais elles n'ont rien dit. Il s'est fait un long et pénible silence.

Sam a enfin parlé en battant des cils d'un air embarrassé. « Et toi, tu fais quoi, aujourd'hui ?

– Oh… un tour en ville. »

J'ai désigné de mon pouce le sac à mon épaule, comme si cela expliquait tout.

« Très bien », a dit Sam.

Il y a eu un autre silence.

« Alors, salut », je leur ai dit, et je suis parti. Je n'ai même pas attendu qu'elles me répondent. Alors que je m'éloignais, je les sentais me suivre d'un même regard coupable. Je ne savais pas si je devais tourner à gauche ou à droite quand je suis arrivé dans la rue, alors je suis allé tout droit parmi la foule.

Soudain, je ne voulais plus être en Inde, je ne voulais plus être à Bangalore, je ne voulais plus revoir Claire ou Sam. Je ne voulais plus rien voir, rien acheter, rien manger. Je voulais ma Marmite sur toasts, mes amis, un canapé, Match of the Day, l'herbe verte, les pubs, la gelée blanche et un lit avec une couette.

J'ai marché au hasard pendant longtemps. Au fond de moi, je cherchais un endroit où me cacher de la foule et oublier que j'étais tellement loin de chez moi. Je pensais aussi que j'avais encore un mois à franchir, avant de reprendre l'avion. Trente jours.

Et puis j'étais sidéré par le fait que mon bonheur ait pu dépendre de deux filles que je ne connaissais même pas. Après tout, je pouvais très bien les revoir. Elles allaient au Kerala et s'arrêteraient nécessairement à Cochin. Si je le voulais, je pouvais même trouver une place dans le même train qu'elles. Mais elles m'avaient clairement fait comprendre qu'elles ne voulaient pas de ma compagnie. Et ça signifiait qu'au nom de ma fierté, je devrais passer au moins deux jours à Bangalore et puis, une fois à Cochin, les ignorer au cas où on se croiserait. De toute façon, j'avais bien l'intention d'aller là-bas, c'était prévu, et je n'allais pas rater ça à cause d'elles.

Le plus écœurant dans cette histoire, c'est que j'étais persuadé que Sam avait un faible pour moi. Et puis Bangalore n'était qu'une grande décharge publique. Sans parler du fait que j'en avais marre de l'Inde et que je voulais ma Marmite sur toasts en regardant Match of the Day couché sous la couette sur un canapé dans un pub.

À la fin, je suis tombé sur un restaurant appelé MacSpeed. J'ai risqué ma tête à l'intérieur et découvert une espèce de Wimpy façon années quatre-vingt, avec des chaises en plastique moulé vissées dans le sol et de minuscules tables en formica. Je n'avais rien vu de semblable depuis… ma foi, les années quatre-vingt et c'était bien le premier fast-food que je découvrais en Inde.

La Providence veillait, et elle avait fait de son mieux pour pourvoir en nourriture réconfortante le solitaire déprimé que j'étais. J'ai commandé un burger à l'agneau et des frites (il n'y avait pas de viande de bœuf) avec un Campa Cola et une glace comme dessert. Je n'avais même pas envie de savoir avec quelle eau était faite la glace. J'étais là pour me faire plaisir et je mangerais exactement ce que je voulais pour me remonter le moral.

C'était ma première viande depuis des semaines, et elle avait un goût absolument délicieux, comme les frites, le Coca (en dépit d'un arrière-goût d'ammoniac) et la glace. En fermant les yeux, je pouvais presque m'imaginer à la maison.

J'avais mangé près des trois quarts de mon burger quand il m'est venu en mémoire que j'avais parcouru plus de trois mille kilomètres dans ce pays sans jamais voir un seul mouton. Avec quoi avait été fait mon burger ? La question commençait de me hanter. Une chose était certaine : ce n'était pas de l'agneau ni du mouton et certainement pas du bœuf ou de la vache. Quelles étaient les viandes susceptibles d'être hachées ?

Le cochon. Non, ça n'avait pas le goût de porc.

La chèvre. Peut-être. Des chèvres, j'en avais vu.

Le chien. Non, pas du chien. Je vous en supplie, pas ça.

Laissant mon reste de burger dans l'assiette, j'ai terminé les frites et me suis rincé la bouche au Coca ammoniaqué.

Je m'en revenais vers l'hôtel quand il s'est passé une chose curieuse. Je marchais dans la rue, un peu inquiet tout de même d'avoir mangé de la viande, quand soudain j'ai vomi dans le caniveau.

Après avoir rendu tout mon repas, je me suis redressé et j'ai regardé autour de moi, un peu gêné de m'être ainsi donné en spectacle. À quelques mètres de là sur le trottoir, un sadhu émacié avec de longs cheveux gris méditait. De l'autre côté de la rue, un homme se savonnait de la tête aux pieds à côté d'un seau d'eau et, juste devant lui, un type qui tirait deux ânes chargés chacun d'un énorme tas de ferraille, se disputait avec un vendeur de mangues qui ne voulait pas dégager sa pile de fruits du chemin.

Un Occidental qui dégueulait ne faisait pas le poids, et personne ne m'avait remarqué ou seulement prêté attention, si ce n'est un petit chien qui a entrepris de lécher mon vomi. Je me suis essuyé la bouche avec mon T-shirt et, laissant mon burger à ce clébard cannibale, je me suis remis en marche, m'arrêtant en chemin pour acheter une bouteille d'eau minérale.

Ce soir-là, je faisais un petit pipi avant d'aller au lit, quand j'ai lâché un pet. Il s'est passé une drôle de chose dans mon caleçon. Il m'a paru soudain plus lourd, comme lesté. Une sensation de chaleur a suivi, relayée immédiatement par le glissement d'une matière humide à l'intérieur de ma cuisse. Prenant brutalement conscience de ce qui se passait, j'ai verrouillé mes sphincters tout en terminant de pisser. Le temps que je vide ma vessie, le petit étron avait atteint le mollet.

Dans un sprint accroupi style marche des canards, j'ai giclé des toilettes pour monter dans ma chambre. Larguant T-shirt, pantalon et caleçon par terre, je suis passé sous la douche et me suis récuré à fond. Ensuite, toujours sous la douche, j'ai passé à l'eau mes affaires souillées. Je les ai mises à sécher, avec l'espoir qu'elles n'auraient pas l'air trop dégueulasses quand je les donnerai à laver à la blanchisserie de l'hôtel le lendemain matin.

Plus tard dans la nuit, j'ai été arraché à un sommeil profond par un bonhomme qui faisait vrombir un bolide de Formule Un dans mon ventre. Il ne m'a pas fallu trois secondes pour réaliser ce qui se passait, et j'ai fusé vers les gogues pour une défécation dantesque.

Je ne sais pas si vous avez déjà vu une machine à lancer les balles de cricket ; elle est constituée de deux palets de caoutchouc placés horizontalement l'un à côté de l'autre, chacun tournant dans le même sens à une très grande vitesse. Quand la balle glissant le long d'une gouttière arrive à leur contact, elle est prise entre les deux disques et éjectée à cent quatre-vingts kilomètres à l'heure. Alors, imaginez cette même machine lancée à la vitesse maximum et à la place des balles, des bouses de vache fraîches. Je ne vois pas de meilleure image pour vous donner une idée de mon caca.

Après cette bordée de crottes à propulsion rapide, un terrible fumet à la fois rance et acide est monté de mon entrejambe et, alors que je me bouchais le nez, j'ai pris conscience que j'avais le trou de balle en feu. Je ne pouvais rester plus longtemps accroupi au-dessus des chiottes sans que mes hanches se révoltent, aussi ai-je eu recours au torche-cul indien et, puisant de l'eau dans le seau, me suis lavé l'anus.

Ce n'est que de retour dans mon lit, après avoir passé dix bonnes minutes à me laver les mains, que j'ai pu mesurer à quel point j'avais mal au ventre. J'avais l'impression que quelqu'un prenait mon estomac pour un linge trempé et le tordait dans tous les sens pour l'essorer. Et puis, comme si la douleur n'était pas suffisante, il a fallu que je me carapate de nouveau aux chiottes. En poussant la porte, j'ai remarqué que je ne pouvais même plus gagner la cuvette à la turque sans marcher sur les éclats du précédent shrapnel, et j'étais pieds nus. Pas question de remonter me chausser sans jouer les Petits Poucets scato jusqu'à ma chambre, et puis que diable, on disait que ça portait chance de marcher dedans.

À la seconde où je me suis une fois de plus accroupi, c'est un étrange bruit d'eau que j'ai perçu derrière moi.

Mon système intestinal s'était-il équipé d'une chasse d'eau, complétant ainsi une installation ingénieuse d'un appareil d'autolavage ? À moins que quelqu'un n'ait été en train de couler un bain quelque part ? À cette heure de la nuit ? Et puis j'ai dû admettre que c'était moi. Mon trou de balle crucifié s'était fait robinet.

Quand j'ai eu fini de pisser par le fondement, je me suis penché en avant, le front appuyé contre la porte. Toujours à croupetons, j'ai essayé de savoir si mes sphincters étaient fermés ou pas. C'était difficile à dire, mais j'avais l'impression que, même s'ils fonctionnaient encore, ils seraient aussi efficaces qu'une chatière dans le barrage d'Assouan.

Quand ma position en canard est devenue trop douloureuse, je me suis rapatrié dans ma chambre, me suis rincé les jambes et les pieds sous la douche et me suis écroulé sur le lit. Je savais qu'il était important de ne pas se déshydrater et, comme je m'étais littéralement drainé, je me suis forcé à finir la bouteille d'eau minérale que j'avais achetée.

J'ai senti le liquide se répandre dans mon estomac et j'ai su immédiatement qu'il n'était pas le bienvenu. Après une subite et méchante crampe, je me suis précipité dans la salle de bains pour gerber sur le mur de la douche. Et même vidé de toute substance, fluide et solide, j'ai continué d'être secoué de haut-le-cœur.

Après ça, je n'ai même pas eu la force de regagner mon lit. Je suis resté assis sous la douche, attendant qu'elle emporte ce que j'avais rendu et ce que je rendrais encore par le haut ou par le bas, peu m'importait.

J'ai un peu perdu la notion du temps mais, quand j'ai enfin eu l'impression que je ne risquais plus une seule fuite, j'ai rampé jusqu'à mon lit et me suis endormi.

Ce sont des voix dans le couloir qui m'ont réveillé. À la seconde où j'ai rouvert les yeux, j'ai senti la douleur m'agriffer le ventre et le trou de balle, mais je savais que ces voix représentaient ma seule chance de salut, alors je me suis traîné hors de ma couche et j'ai cherché un pantalon propre dans mon sac. Une fois habillé, je me suis précipité sur la porte.

« Ohé ! Ohé ! j'ai coassé, tandis qu'un bruit de pas disparaissait dans l'escalier. OHÉ ! »

Il y a eu un silence, puis j'ai vu une tête apparaître au coin du couloir. « Oui ?

– S'il vous plaît ! Revenez ! Je suis malade ! » j'ai répondu en m'accrochant au chambranle.

Le type a crié quelque chose à ceux qui continuaient de descendre dans une langue qui devait être du néerlandais, puis il est venu vers moi.

« Qu'est-ce que tu as ?

– J'suis malade ! J'peux pas marcher ! J'ai besoin d'eau !

– Mais t'as quoi, exactement ?

– Tout. Je chie, je gerbe…

– Ah ouais, la classique, quoi.

– Si tu le dis.

– Tu veux que je t'achète de l'eau ?

– Oui, s'il te plaît. Merci. Ce serait vraiment sympa. J'vais te donner de l'argent. »

Je suis rentré dans ma chambre et suis revenu avec quelques billets. J'ai vu l'ombre d'un sourire danser sur ses lèvres, alors qu'il me regardait marcher.

« Ça fait mal ? il a demandé.

– Putain, j'ai le trou du cul en compote. »

Il a rigolé et m'a tapé dans le dos. « On est tous passés par là.

– C'est horrible.

– Non, pas vraiment. Faut attendre. Si c'est rien qu'une intoxication alimentaire, tu iras mieux dans quelques jours. Si c'est une dysenterie, alors là ça s'arrangera pas. Tu sauras ce que c'est, d'avoir mal. Une dysenterie bacillaire, t'es mal mais tu t'en sors. Une amibienne, t'es baisé, mec. »

Il m'a refilé une claque dans le dos.

« Tu… tu as déjà eu la dysenterie ?

– Ouais, bien sûr, comme tout le monde.

– Et c'est grave ?

– Ouais, mec, c'est grave.

– Et la tienne, c'était quoi… une amibienne ou… l'autre ?

– J'ai eu les deux en même temps, et j'te le souhaite pas. Mais on s'en tire. C'est pas comme la malaria. Attends un peu de choper la malaria. Ça, c'est une belle saloperie. J'ai chopé ça au Népal et j'étais tellement mal que j'avais même pas la force de me traîner chez un toubib, alors j'ai pris tout ce que j'avais comme chloroquine et j'ai attendu que ça passe.

– C'est ça qu'il faut faire ? J'veux dire, si je…

– J'en sais rien. J'suis pas expert, mais j'ai lu la composition et j'ai vu qu'y avait de la quinine, alors j'en ai pris quatre le premier jour et puis j'ai augmenté les doses jusqu'à ce que je me sente mieux.

– Et… et cococombien de temps ça t'a pris ? »

Du coup, j'avais oublié mes propres douleurs. J'étais hypnotisé.

« Oh, une dizaine de jours.

– Mais on dit que la chloro… ça fait tomber les cheveux et que ça rend fou. »

Il s'est mis soudain à sauter sur place, à tirer la langue et à agiter ses mains au-dessus de sa tête. C'était une vision terrifiante, et j'ai senti mon cœur se soulever de nouveau.

« Mais pas moi, moi sain d'esprit », il a couiné d'une voix de dingo.

Réalisant qu'il plaisantait, j'ai poussé un soupir de soulagement, et mon pouls s'est remis à battre normalement. J'ai même ri un peu, pour lui faire comprendre qu'il pouvait arrêter de faire le zouave.

« Même la malaria, c'est pas la fin du monde, il a repris d'une voix normale. Les Indiens vivent avec.

– Ouais, c'est vrai.

– Et surtout ils en meurent ! » Sur ce, il a éclaté de rire.

Quand il s'est enfin calmé, il m'a dit : « T'en fais pas, mec, t'as rien qu'une bonne chiasse. C'est que dalle. Bois de l'eau et ça ira. Au moins, t'as échappé à ça ! »

Il a remonté la jambe de son pantalon et m'a montré un horrible trou à la hauteur du tibia.

« C'est quoi, ça ?

– C'est un ver qui habite les marécages. Il pénètre sous ta peau par la moindre petite coupure et même des fois par le trou de ta pine et puis il grossit à l'intérieur de tes… comment ça s'appelle ?

– Tes veines ? j'ai demandé en sentant la tête me tourner.

– Ouais, tes veines. Et j'peux te dire que tu commences à déguster une fois qu'il a pris du poids, mais tu ne comprends pas ce que tu as, parce qu'il est pas visible. Alors, il faut bien ouvrir les yeux et dès que tu repères une petite boule qui bouge sous ta peau, tu creuses avec une aiguille jusqu'à ce que tu puisses voir la tête du ver. Tu peux pas l'arracher tout de suite, parce qu'il se casserait en deux, et c'est pire d'héberger un mort qu'un vivant, et il faut que tu l'enroules juste un peu autour d'une allumette et, chaque jour, tu donnes un petit tour, jusqu'à ce qu'il soit complètement sorti de ta jambe. »

J'avais les genoux qui flanchaient et je devais m'agripper au chambranle pour rester debout.

« Si le ver atteint ton cœur, t'es mort. Moi, j'ai eu du pot. Je l'ai sorti avant qu'il fasse vraiment des dégâts. »

On a admiré de concert le trou dans lequel on aurait pu enfoncer un pois chiche et j'ai senti un peu de force me revenir dans les jambes.

« Ouais, t'as eu de la veine.

– C'est le cas de le dire, il a dit en se marrant.

– Et ça va guérir ?

– Oh, ça finira bien par se cicatriser.

– Une cicatrice qui aura une histoire.

– J'ai gardé le ver, comme preuve.

– Quoi ! tu transportes ce machin avec toi ?

– Non, je l'ai envoyé chez moi.

– Pour que tes parents te le gardent ?

– J'ai demandé à ma mère de le conserver dans du vinaigre, mais je me demande si elle le fera.

– Bizarre.

– Écoute, mes copains m'attendent. Tu veux que je te rapporte de l'eau ?

– S'il te plaît.

– Tu veux manger quelque chose ?

– Non, j'pourrais pas.

– Tu devrais.

– Non.

– J'te prendrai des bananes. Quand tu iras mieux, tu pourras manger du riz bouilli.

– J'pourrai jamais.

– Je reviendrai vite. Repieute-toi en attendant.

– Merci. T'es vraiment sympa. Merci beaucoup, mec. » Je sentais mes yeux qui se mouillaient et j'avais un poids sur la poitrine qui menaçait de se transformer en sanglot.

Il a posé sa main sur mon épaule. « C'est rien, tu t'en remettras, il m'a dit. Comment tu t'appelles ?

– Dave. J'suis de Londres. Et toi ?

– Igor Boog, Delft, Hollande. » Il m'a souri. « Dans deux jours, tu seras d'attaque, Dave. À tout à l'heure.

– Merci, vraiment… merci.

– Ça va bien. »

Il s'est éloigné, ses sandales claquant contre ses talons. « Merci, Igor », je lui ai crié.

Il a rigolé et a levé la main sans se retourner. « Courage, Dave », il a dit avant de disparaître dans l'escalier en gloussant.

Je n'ai pratiquement pas quitté ma chambre de toute la semaine. Igor venait chaque matin avec de l'eau, des bananes et, au bout de deux jours, du riz bouilli. Il s'asseyait avec moi pendant que je mangeais et essayait de me remonter en me contant par le menu les horribles méfaits de certaines maladies tropicales.

Vers la fin de la semaine, alors que j'avalais mon premier œuf à la coque, Igor m'a dit qu'il avait déjà prolongé de deux jours son séjour à Bangalore et, maintenant que j'étais sur le chemin de la guérison, il allait pouvoir partir.

« Très bien, j'ai dit, retenant une envie de pleurer.

– Faut que j'y aille, Dave. J'ai plus rien à faire à Bangalore.

– Ça va bien. Et merci pour tout, de toute façon. Sans toi, j'aurais pas survécu.

– Allons, allons, tu te serais débrouillé.

– Tu m'as sauvé la vie.

– Ce n'était même pas une dysenterie.

– Je sais mais j'en avais tellement marre de tout et… enfin, j'en ai toujours marre de tout mais au moins j'ai la force de marcher. »

Je ne sais pas pourquoi mais ça l'a fait se marrer.

« Faut être plus positif que ça, mec. L'Inde est un pays formidable.

– Je sais, je sais.

– C'est le meilleur endroit du monde.

– Après l'Angleterre.

– Tu devrais aller en Afrique. Là-bas, ils ont une mouche qui pond ses œufs dans les vêtements mouillés. Quand les œufs sentent la chaleur de ton corps, ils libèrent de petits vers qui te rentrent dans la peau et commencent à grossir et y a qu'une façon de s'en débarrasser, c'est de se frotter avec de la vaseline…

– S'il te plaît, Igor, pas aujourd'hui.

– Hé ! j'essaie seulement de te requinquer.

– Je sais bien mais je me sens… un peu faiblard. Je vais me retrouver seul quand tu seras parti et j'connais deux filles à Cochin mais je les rattraperai jamais, alors ça fait beaucoup pour un seul homme…

– Dave, t'as été malade, et maintenant tu vas mieux, alors haut les cœurs !

– T'as raison.

– Et puis au lieu de dire que t'es seul, pense plutôt que t'es autonome.

– C'est vrai. Et merci pour tout. Je veux dire… d'être resté avec moi. La plupart des gens sont rarement assez gentils pour… enfin, ils auraient sûrement pas fait ce que toi… toi… » J'ai préféré m'arrêter, sinon je me serais mis à chialer.

Igor m'a serré le bras, et paf ! j'ai éclaté en sanglots.

« Allons, pleure pas, t'es un dur.

– Désolé. C'est l'émotion… je te suis tellement reconnaissant…

– Mais c'est rien. N'importe qui en aurait fait autant. » Il m'a passé un coin du drap pour que je m'essuie le visage.

« T'es un chic type, Igor.

– C'est rien, j'te dis. »

Il m'a souri, essayant de voir si j'étais enfin calmé, et s'il pouvait enfin me laisser.

Il m'a tapoté la jambe à travers le drap, alors que je continuais de renifler, et il a jeté un coup d'œil en direction de la porte.

« Je veux rentrer chez moi, Igor. JE VEUX RENTRER CHEZ MOI ! »

Il m'a regardé avec stupeur.

« Tu iras mieux dans deux jours. T'as juste besoin de retrouver tes forces.

– JE VEUX RENTRER CHEZ MOI !
– Eh bien, qu'est-ce qui t'en empêche ?
– J'peux pas.
– Si, tu peux.
– Non, j'ai encore trois semaines à tirer avant mon départ.
– Change ton billet.
– J'peux pas.
– Si, tu peux.
– Non, c'est un charter.
– Tu peux changer quand même. En payant la différence.
– Impossible.
– Pourquoi, impossible ?
– Parce que j'peux pas faire ça.
– Tu as plus d'argent du tout ?
– Il me reste cinq cents livres.
– Ça fait quoi ça ? Huit cents dollars ?
– A peu près.
– Alors, tu peux rentrer chez toi. Même en te payant un billet sur une ligne régulière.
– Mais j'peux pas.
– Pourquoi ?
– Parce que.
– Parce que quoi ?
– Parce que c'est gênant.
– Ahhh ! c'est donc ça. Si tu rentres avant la date prévue, t'auras l'air d'avoir abandonné.
– Exactement.

– Tu auras l'impression d'avoir échoué à l'examen.

– J'ai déjà fait plus de deux mois, j'ai presque fini. Ce serait con d'abandonner, maintenant.

– Tu sais, le voyage c'est pas un test d'endurance.

– C'est quoi, alors ?

– Des vacances, non ?

– Non, pour moi, faire la route, c'est vraiment pas des vacances.

– Et si tu essayais de transformer ton épreuve en vacances ? Tu prendrais du plaisir. Va dans une de ces putains de stations balnéaires où les gens traînent toute la journée sur la plage et oublie que t'es en Inde. Pourquoi tu vas pas à Goa ?

– J'en viens.

– Il y a plein d'autres endroits comme ça. Va à Kovalam ? Ou Ajmer ?

– C'est là que j'étais avant Goa.

– Et t'en as déjà assez de l'Inde ?

– Oui.

– Mais j'ai l'impression que t'as vraiment rien vu de l'Inde.

– Je m'en fous. J'en ai ma claque. »

Pour la première fois depuis que je le connaissais, Igor a gardé le silence.

« Tu dois me prendre pour un idiot », j'ai dit.

Il a haussé les épaules.

« C'est bien ça, hein. Je suis un idiot ?

– Non, t'es pas idiot, t'es seulement jeune, trop jeune.

– Pour quoi ?
– Pour ce pays.
– Il y a des Indiens plus jeunes que moi. »
Il a ri. « Mais ils vivent ici, eux.
– Et après ?
– Dave, il faut que je m'en aille.
– D'accord.
– Je m'en vais, maintenant.
– Eh bien, salut.
– Salut, Dave. Porte-toi bien.
– Salut, Igor, et merci.
– Essaie de t'amuser un peu.
– Ouais. »

Il est sorti de la chambre et a refermé la porte sans même me jeter un dernier regard. Je trouvais ça honteux qu'il s'en aille comme ça, mais je n'y pouvais rien. Je n'avais pas envie qu'on m'abandonne et j'avais du mal à être un peu plus généreux.

Après avoir contemplé la porte fermée pendant quelques heures, j'ai décidé qu'il était temps d'aller goûter au monde extérieur. Il m'a fallu du temps pour retrouver mes chaussures, qui étaient restées près des toilettes où je les avais enlevées une semaine plus tôt.

Les cannes un rien cotonneuses, je suis descendu à la réception et suis sorti sous un soleil à l'éclat dévastateur.

Des plus éducatifs

J'ai traversé la rue d'un pas de convalescent et je n'ai pas fait cinquante mètres que j'ai dû m'asseoir sur le trottoir tellement j'étais fatigué. C'était un bon emplacement pour regarder les gens passer, et je n'ai pas tardé à être rejoint par un vieil homme qui s'est posé à côté de moi et m'a demandé à brûle-pourpoint :

« Me croiriez-vous si je vous disais qu'avant la partition la plupart de mes camarades étaient citoyens britanniques ? »

C'était le genre de vieux bavard assommant que j'aurais fui en temps normal, mais pour une fois j'étais content d'avoir quelqu'un avec qui parler et je me suis fendu d'une réponse amicale. « Vraiment ? C'est... euh... pas banal.

– Et cependant vrai. Johnny, Peter et Freddie étaient mes plus proches amis mais, bien sûr, ils ont tous fait leurs valises à partir de 1947.

– Tous ?

– La partition, jeune homme. Et je peux vous dire qu'ils sont partis en quatrième vitesse.

– C'est terrible. Et… comment se fait-il que vous ayez eu tant de copains anglais ?

– Britanniques, mon garçon. Il ne faut pas oublier ses compatriotes calédoniens. Freddie, voyez-vous, était un Écossais.

– Oui, bien sûr, mais pourquoi étaient-ils vos… ?

– Mon cher défunt père, Dieu ait son âme, était un pilier de l'Église anglicane. Et j'ai eu le privilège de suivre ses pas. Êtes-vous chrétien ? »

J'ai pensé à lui dire que j'étais plutôt un supporter d'Arsenal, mais ça n'aurait pas été du meilleur goût.

« Oui, je le suis.

– E d'A ? »

Je ne me rappelais pas ce que pouvait signifier « E d'A », mais il était évident qu'il attendait une réponse positive, alors j'ai hoché la tête avec conviction.

« Quel heureux hasard. Permettez que je me présente… Charles A. Tripathi junior. »

Il m'a serré la main.

« Moi, c'est Dave. David.

– Enchanté de faire votre connaissance. Vous aimez le thé ?

– Euh… oui.

– Alors, venez chez moi. Ça n'est pas bon de rester seul. » Je ne savais pas s'il faisait allusion à ma solitude ou à la sienne, mais j'ai accepté son offre et l'ai suivi. Il a pris une petite rue adjacente, marchant en silence devant moi. Juste au moment où je sentais que je ne pourrais faire un pas de plus, il s'est arrêté devant une petite maison en parpaings, a poussé la porte et m'a invité à entrer.

J'ai réalisé en franchissant le seuil que c'était la première fois depuis mon arrivée que je pénétrais chez un autochtone. J'ai été frappé par la similitude avec un foyer anglais : un téléviseur dans un coin, quelques fauteuils, un tapis, une table basse, et des gravures au mur. On ne risquait pas d'être dépaysé.

« Asseyez-vous, je vous en prie, il m'a dit en m'indiquant un siège. Et ne vous gênez pas pour consulter quelques pages de notre littérature. » Il a désigné une pile de brochures sur la table et a quitté la pièce.

Je l'ai entendu crier des ordres en hindi. J'ai pris l'un des ouvrages intitulé *Mission chrétienne du sud de l'Inde*. Je l'ai ouvert. Une photographie ornait chacune des trois premières pages : celle d'un vieil homme à l'expression sereine, légendée La Sagesse, celle d'un papillon, La Beauté, et celle d'un champignon atomique, La Force.

Charles m'a arraché à la stupeur que provoquait en moi la collusion mission chrétienne et force nucléaire en revenant avec un garçonnet vêtu de haillons. Il a crié un ordre au gamin, qui s'est mis à balayer le sol sous mes pieds avec une espèce de long balai de brindilles et puis a disparu en courant.

« Le thé et les gâteaux arrivent », a annoncé Charles.

Il était debout devant moi, l'air un peu agité, alors que je demeurais assis avec la brochure ouverte sur mes genoux, cherchant en vain quelque chose à dire.

Au bout d'un moment, six ou sept gosses mis sur leur trente et un et bien peignés ont fait irruption dans la pièce se poussant les uns les autres pour bien me voir sans trop s'approcher.

« Voici mes petits-enfants. Et si ça ne vous dérange pas, ils voudraient votre autographe.

– Mon autographe ?

– Exactement. Un échantillon de votre calligraphie serait des plus éducatifs. »

Je n'avais pas le cœur de lui dire que j'avais toujours eu une écriture de chat. Il m'a donné un stylo et s'est adressé en hindi aux enfants. Ils se sont avancés un par un avec un bout de papier, sur lequel j'ai griffonné mon nom et un petit message pour chacun d'eux, aussi lisiblement que j'ai pu, ponctuant chaque « autographe » d'une gentille tape sur la tête.

Les gamins ont ensuite quitté la pièce pour aller courir dans la rue en riant.

« Vous êtes un très brave garçon, a dit Charles. Vous avez le sens du devoir, cela se voit.

– Euh… si vous le dites.

– Et modeste aussi, bien sûr. L'éducation anglaise est toujours la meilleure du monde, je suis heureux de le constater.

– Je ne le jurerais pas, vous savez.

– Allons, allons, on sent bien que vous venez d'un collège privé. Vous avez des manières de gentleman qui ne trompent pas.

– Je vous remercie beaucoup, et puis-je vous dire que vous êtes vous-même un parfait gentleman. »

Bon Dieu ! Voilà que je commençais à parler comme lui !

« Je fais de mon mieux, je fais de mon mieux. »

À ce moment-là, une femme âgée est entrée. Elle portait un plateau avec du thé et des gâteaux qui avaient un air tellement monstrueux que j'en avais mal aux dents rien qu'à les regarder. Elle a posé le plateau devant moi et s'est inclinée.

« Mon épouse, a dit Charles.

– Enchanté. » Je lui ai fait un petit signe de la main.

« *Namaste.* » Elle m'a souri en hochant la tête.

J'ai fait de même, puis elle est repartie.

Après quoi, Charles et moi on a eu du mal à relancer la conversation. J'ai bien essayé de l'interroger sur sa famille et son travail, mais n'ai pas tiré grand-chose de lui. Ses réponses étaient brèves et contraintes, comme si mes questions étaient indiscrètes. Je savais que c'était pour moi une occasion unique de découvrir à quoi ressemblait la vie d'une famille indienne, mais j'en étais pour mes frais.

Après l'échec de ma tentative, il a pris le relais, mais pour m'infliger le questionnaire habituel travail-mariage-maison et me bombarder de banalités tuantes sur sa position dans l'Église et le succès de la Mission chrétienne du Sud de l'Inde. Ça n'en finissait plus, et j'étais sur le point de mourir d'ennui, quand j'ai profité d'un silence pour me lever et prendre congé.

On n'avait pas réussi à établir un vrai dialogue et je m'étais barbé au-delà du supportable, mais cette visite représentait tout de même un grand tournant. J'étais entré dans un foyer indigène. J'avais parlé avec un citoyen indien.

Tout au long de ces deux derniers mois, je m'étais demandé à quoi pouvait bien ressembler l'intérieur d'une maison. De temps à autre j'en avais eu un bref aperçu par une fenêtre ou une porte ouverte, mais jamais je n'en avais franchi le seuil. Je venais de découvrir l'Inde dans son intimité. Je savais maintenant comment les gens vivaient.

Soudain, tout ce que j'avais pu faire depuis mon arrivée me paraissait complètement superficiel. Je m'étais arrêté dans des hôtels impersonnels, m'étais borné à parler avec d'autres Occidentaux. J'avais perdu mon temps. Igor avait raison : je n'avais rien vu. À partir de maintenant, les choses allaient changer. J'irais seul comme un grand. Je ne me cacherais plus derrière le sac à dos d'un autre routard. Je ferais l'effort de vivre parmi les Indiens. Je ferais ami-ami avec eux et accepterais leur invitation à venir chez eux. Je deviendrais un authentique voyageur.

C'est l'Inde qui te fait ça

Ce soir-là j'ai pris mon premier vrai repas depuis mon burger de chien. Deux mois plus tôt je n'aurais jamais imaginé qu'une mélasse de lentilles noirâtres sur un pavé de riz coagulé pût mériter le nom de nourriture mais, en l'occurrence, c'était le seul matériau que mon système digestif ait eu à négocier depuis longtemps.

Après quelques gargouillements désapprobateurs, mon ventre a accepté la livraison. L'aliment ne semblait plus hésiter, prêt à jaillir à l'improviste de ma gorge, mais paraissait se plaire dans mon estomac et accepter le processus de la digestion. Si cette bonne fortune se prolongeait, j'allais enfin pouvoir me nourrir et reprendre du poil de la bête.

Après avoir ingurgité tout ce que je pouvais, j'ai parcouru des yeux la salle à manger, cherchant quelqu'un avec qui parler. Il y avait du monde, mais je n'ai pas tardé à avoir l'impression d'être invisible ou, plus exactement, qu'on m'ignorait. Ça faisait bientôt une heure que j'étais là et, pas de doute, les regards glissaient sur moi et se portaient ailleurs, avant même que j'aie le temps d'ouvrir la bouche.

Je ne savais qu'en penser et c'est seulement au moment de me coucher que j'en ai eu l'explication en me regardant dans la glace. Je ressemblais à l'un de ces comateux que j'avais découverts à mon arrivée à Delhi. J'avais les joues creusées et noircies d'une barbe broussailleuse, le regard éteint, les cheveux gras et un pli amer aux coins de la bouche. J'avais une tête à faire peur. Un véritable épouvantail.

Je me suis glissé sous le drap et j'ai contemplé le plafond pendant quelques heures avec le sentiment d'avoir rejoint la cohorte des morts vivants.

En dépit de mon repas, j'ai dormi toute la nuit sans avoir à courir de toute urgence aux toilettes et je me suis réveillé le lendemain matin avec la volonté de me gaver jusqu'à ce que j'aie repris forme humaine.

Me méfiant de tout ce qui était gras et épicé, j'ai gobé quatre œufs à la coque et deux chapatis au petit dèje, puis suis parti à la rencontre des habitants du sous-continent.

J'ai marché au hasard pendant un moment, souriant à tous les Indiens que je croisais, sans que cela incite un seul d'entre eux à m'adresser la parole. Me rappelant que j'avais l'air d'un zombie, j'ai cessé de sourire bêtement mais les gens ont continué de ne pas me voir.

Découragé, je suis entré dans le restaurant le plus fréquenté que j'aie pu trouver en chemin. J'ai pris place à côté d'un homme seul, lui ai souri, lui ai dit bonjour.

L'air vaguement apeuré, il a pris son assiette et s'en est allé poursuivre son repas à une autre table.

C'était un sale coup. Que les autres routards m'évitent, c'était une chose, mais que les Indiens me snobent, alors là c'était vraiment la cata. Désespéré, j'ai regagné l'hôtel où j'ai tenté d'engager la conversation avec le garçon qui lavait le parterre et n'ai réussi qu'à le faire fuir.

Il ne me restait qu'à écrire une carte postale.

Chère maman, cher papa,

Je suis maintenant à Bangalore, la capitale moderne et industrielle du Kamataka. C'est une ville agréable, qui a l'air plus florissante que la plupart des autres villes que j'ai visitées, mais je n'ai pas encore vu grand-chose parce que j'ai été malade toute la semaine dernière et n'ai pas quitté ma chambre d'hôtel. Je suis de nouveau capable de marcher et, aujourd'hui, j'ai pu faire quelques pas dehors. J'ai perdu beaucoup de poids mais je finirai bien par me remplumer. Vous me manquez et je me sens très seul. Je n'ai plus du tout la même conception du voyage et suis déterminé à passer en solitaire le restant de mon séjour. Il n'est plus question de chercher la compagnie des autres routards mais de découvrir l'Inde et les Indiens. De toute façon, si on veut se trouver soi-même dans ce pays, il faut commencer par se perdre soi-même. C'est ma prochaine étape. C'est fou ce que je suis en train d'apprendre ici.

Votre fils qui vous aime,
Dave

Quand j'ai eu terminé ma carte postale, il m'est venu à l'idée qu'il y avait au moins quelqu'un avec qui je pourrais parler : le réceptionniste. Merde, c'était son boulot de faire la conversation avec les clients. Et j'en étais un, de client. Si j'arrivais à le coincer derrière son comptoir, il serait bien obligé de me répondre.

J'ai attendu qu'il reprenne sa place et suis passé à l'offensive.

« Bonjour, j'ai dit.

– Bonjour, monsieur. »

Soudain, je ne savais plus quoi dire.

« Tout va bien, monsieur ? il m'a demandé.

– Oui, tout va bien. Merci. »

Toujours en panne, et pas de souffleur comme au théâtre. Enfin, l'inspiration est revenue. « Il fait chaud, aujourd'hui.

– Oui, très chaud. » Il a hoché la tête. « Moins chaud que d'habitude, bien sûr, mais chaud quand même. »

J'allais abandonner quand un Indien est arrivé, coiffé d'un turban blanc dont un pan lui couvrait le cou et une partie du visage. Il a demandé une chambre avec un accent du South London. Je connaissais bien cette voix.

« Ranj ! »

Il s'est tourné vers moi en sursaut et m'a regardé d'un air méfiant. Et puis il a fini par me reconnaître, et il a ôté son turban.

« C'est toi, Dave ?

– Et qui d'autre ?

– Putain, mais qu'est-ce qui t'est arrivé ?

– J'ai été un peu malade.

– T'as l'air d'un mort. Tu dors où ? Dans une tombe ?

– C'est sympa de ta part.

– Merde, je t'ai même pas reconnu. T'es monté sur une balance ?

– Non.

– T'as consulté un toubib ?

– Non, je n'en ai plus besoin, maintenant. Je vais mieux.

– Putain, heureusement que tu le dis, parce que t'en as pas l'air, mais alors pas du tout.

– En tout cas, j'suis vachement content de te revoir.

– Moi aussi, mec, moi aussi. Et elle est où… ta gazelle ?

– On s'est séparés. Incompatibilité d'humeur et tutti quanti.

– Elle t'a largué, quoi.

– Si on veut. On était partis sur le mauvais pied de toute façon et puis, je sais plus comment, mais on avait la haine à la fin.

– Grave. Mais c'est l'Inde qui veut ça.

– On s'entendait plutôt bien en Angleterre.

– Moi aussi, c'était le bonheur avec ma famille à Londres. Maintenant, ils veulent tous me tuer.

– Tu t'es encore enfui ?

– Ouais. Je viens juste d'arriver de Delhi par avion. Je voulais aller direct à Trivandrum, mais y avait pas de vols, alors je suis venu ici.

– Ils doivent l'avoir mauvaise, tes vieux. À propos, il est charmant ton grand frère.

– Et c'est pire, cette fois. Parce que j'ai… (il a baissé la voix en jetant un regard autour de lui)… fauché des cartes de crédit et un paquet d'espèces avant de me tailler.

– Qui tu as volé ?

– Mes oncles et toute la smala. Ils commençaient à me gonfler grave.

– Non, t'as fait ça ?

– Un peu.

– Tu as dépouillé ta propre famille…

– Je sais, je sais. Et je regrette, note. J'ai décidé de tout dépenser le plus vite possible et puis de retourner là-bas et de leur faire mes excuses.

– C'est vachement bien de ta part.

– Tu crois ?

– Non, pas vraiment. Écoute, si tu veux, tu peux partager ma chambre. Il y a deux lits, de toute façon, et ce sera moins cher à deux. Et puis, je cracherais pas sur un peu de compagnie.

– Si j'suis venu dans cet hôtel pouilleux, c'est pas pour économiser, mais parce que c'était le premier mentionné dans Le Livre. J'passe la nuit ici et, demain, cap sur Kovalam.

– Y a quoi à Kovalam ?

– Des nanas, mec. Des nanas en voyage organisé. C'est comme à Goa, mais sans les babas, et la saison vient de commencer. C'est tout au sud, et la mousson est presque finie. Je vais me prendre un super hôtel de luxe et baiser autant de petits culs blancs que j'pourrai avant qu'il soit trop tard.

– Trop tard pour quoi ?

– Oh, c'est justement à cause de ça que toute cette merde a commencé. Mon père veut me marier à cette pétasse de pucelle aux fesses serrées, uniquement parce que son père possède la moitié de la Bourse de Bombay et Dieu sait quoi encore. Et il me laissera jamais retourner en Angleterre avant que j'aie dit oui.

– Ça alors ! Et qu'est-ce que tu vas faire ?

– Bof, j'ai déjà dit oui de toute façon. Je peux rien contre la volonté de la famille. Alors, j'ai dit d'accord, et puis j'ai mis les bouts.

– Avec l'argent de ton oncle ?

– Exact. C'est le moins qu'ils me doivent, non ? Écoute… tu veux pas venir avec moi ? Je te paierai ta chambre. On va bien rigoler. Bien fringué, mieux nourri et rasé, lavé, peigné, tu peux être sortable. On fera un malheur, tous les deux. Mon cousin m'a donné l'adresse d'un hôtel extra où y a un tas de femmes qu'ont pas froid aux yeux et chaud au cul. Alors, tu viens ?

– Tu es sérieux ?

– Bien sûr que oui. T'en es ?

– Eh… pourquoi pas ? Ça me paraît plutôt juteux comme plan.

– Cool. Je vais envoyer un boy chercher les billets de train, toi tu vas te faire beau, et on se retrouve ici plus tard.

– D'accord. Tu partages ma chambre avec moi, alors ?

– Non merci. La piaule d'un malade, c'est pas mon truc. »

Golf ?

Le voyage vers Trivandrum a duré une éternité, mais Ranj a acheté deux pastèques, un sac de mangues, tout un tas de bananes et un kilo de noix et de raisins secs, qui nous ont beaucoup aidés à tuer le temps. On partageait notre compartiment avec une famille indienne qui avait encore plus de provisions que nous, et comme ils tenaient à tout partager avec nous, le trajet s'est transformé en long banquet. Les Indiens ne connaissaient pas un mot d'anglais et, selon Ranj, ils parlaient un dialecte différent du sien, mais ils tenaient néanmoins à nous gaver.

À peine sorti de ma colique, je devais y aller mollo avec les fruits, mais il y avait plein d'autres choses à manger, et je ne m'en privais pas. Le simple soulagement de ne plus voyager seul m'avait redonné tout mon appétit.

Pour la première fois depuis Manali, j'étais heureux.

À Trivandrum, on a pris un bus pour Kovalam. En route, Ranj a sorti son Livre et a entrepris la lecture à haute voix des charmes de la célèbre station balnéaire.

« Qu'est-ce que tu penses de ça ? *L'établissement le plus luxueux de Kovalam est l'Ashok, à l'extrémité du cap. Les chambres et les bungalows coûtent 550 roupies pour une personne et 650 pour deux. L'Ashok offre tout le confort : air conditionné, piscine, bar, boutiques, location de bateaux. Un lieu d'une grande beauté* blablablabla... *avec salle de relaxation et de yoga et de massage, golf, tennis*, blablabla et blablabla. Alors, ça te va ?

– Six cent cinquante roupies ? T'es dingue ou quoi ?

– Non, j'prends pas la double. Comment on baiserait avec une double ? On en prend deux à cinq cent cinquante, mec.

– T'es sérieux ?

– Bien sûr.

– Et c'est toi qui paies ?

– Ouais.

– Avec piscine, air con et le toutim ?

– Un peu.

– Golf ?

– Je veux.

– Fais-moi voir, j'ai dit en tendant la main vers Le Livre.

– Non. »

Sur ce, il a balancé le bouquin par la fenêtre.

« Mais... mais qu'est-ce t'as fait ?

– On en a plus besoin. On est en vacances, maintenant.

– Mais… mais… comment qu'on va… ?

– Relax, mec, c'est rien que du papier.

– Mais… »

J'étais choqué, au point que j'en avais pâli un peu.

« Hé ! C'est pas ton exemplaire que j'ai jeté, non.

– Mais…

– Le tien, je le garde pour me torcher.

– Merde, t'es devenu cinglé ou quoi !

– Tu réagis comme si j'avais tué quelqu'un.

– Mais c'est ce que tu viens de faire. Enfin, symboliquement, j'veux dire, sans Le Livre on peut plus savoir où sont les autres routards. Comment tu vas faire, maintenant, pour rencontrer des filles ?

– Sur la plage.

– Mais c'est pas seulement…

– Et puis, c'est pas des routardes qu'on cherche. Qui a envie de coucher avec une petite bourge coincée qui mouille pas, jouit pas et suce pas ? Putain, élargis un peu tes horizons, mec. C'qu'y nous faut, c'est de la meuf mûre, de la divorcée avec vingt ans de va-et-vient d'enfer emmagasinés dans ses muscles vaginaux et une sécheresse de cinq années qui en peut plus d'attendre le plus grand déluge de baise de toute sa putain de vie ! »

Il gigotait sur son siège en bavant d'impatience à la pensée de la bacchanale.

« Ouais, t'as peut-être raison. Je l'ai encore jamais fait avec une femme plus vieille. »

Mais Ranj regardait dans le vide, les yeux voilés de stupre, et marmonnait : « Putain de Dieu, ça va être génial. »

South London était décidément un quartier chaud.

J'viens d'une bonne famille

Je ne peux pas dire qu'on m'ait bien accueilli à la réception de l'hôtel, et il a fallu que Ranj sorte son magot pour que ces enfoirés me donnent une chambre.

Un porteur s'est emparé de mon sac à dos et il a essayé de le porter comme une valise, ce qui l'empêchait pratiquement de marcher. Ça nous a fait rigoler, Ranj et moi, mais le type a tout de même réussi à gagner l'ascenseur. On est montés avec lui.

Un ascenseur ! Le pied ! Et ma chambre ! Je m'étais habitué à entrer dans des boîtes aux murs et au sol en ciment, à des pieux durs comme le bois. Là, c'était un vrai lit comme en Angleterre, et il y avait un grand tapis, des meubles et un balcon donnant sur la mer. C'était une chambre pour une personne mais la couche était plus que suffisante pour deux. Et il y avait une salle de bains, avec la première baignoire que je découvrais depuis mon arrivée. C'était mieux que de la Marmite sur toast ! J'ai tout de suite fait couler un bain et me suis désapé.

L'eau a viré au gris au premier savonnage et j'ai vidé le machin sans sortir et rouvert les robinets. Au second savonnage, je me suis estimé à peu près propre, et je me suis dépêché de sortir, de me rhabiller et de retrouver Ranj en bas. Il m'a emmené immédiatement en taxi m'acheter des fringues « normales ». C'était lui qui payait, alors je n'ai pas cherché à discuter ses goûts, et je me suis retrouvé attifé d'une chemise hawaïenne, d'un short jaune citron et d'une paire de mocassins bleus. Il m'a aussi acheté une tenue de soirée : trois chemises (toutes horribles, faites d'un polyester brillant et bizarrement serrées sous les aisselles) et un faux Levi's honteusement cher et dont l'épaisse couture du fond me rentrait tellement dans les fesses que j'en avais les larmes aux yeux.

Quand j'ai été entièrement équipé, il m'a tapé sur l'épaule et m'a dit que je ressemblais maintenant à un vrai playboy indien.

« Et c'est bien ?

– Un peu que c'est bien.

– J'me trouve l'air un peu con.

– Comment ça, un peu con ? Et avec cette merde sur le dos, c'était quoi, ton impression ? » Il a désigné le sac contenant mes vieilles affaires, que j'avais refusé de jeter.

« Ben, j'me trouvais bien.

– T'avais l'air d'un mendiant. Et d'abord, où t'as acheté ces haillons ?

– Sur la route. Surtout à Manali et à Dharamsala.

– Ouais, j'aurais dû m'en douter. Et tu croyais qu'en portant des vêtements à la tibétaine tu aurais l'air d'un indigène dans l'Inde du Sud ?

– Non.

– Alors, pourquoi ? Pourquoi les petits Blancs comme toi se déguisent de cette manière ? Explique-moi.

– J'en sais rien. J'avais un jean et des T-shirts au fond de mon sac, mais dès je suis arrivé et que je les ai mis, je me suis pas senti raccord avec l'entourage, alors j'ai acheté ce que les autres routards portaient.

– Quoi ! tu as un jean au fond de ton sac, tu dis ?

– Ouais.

– Quelle marque ?

– Levi's.

– Tu as un Levi's au fond de ton sac ?

– Ouais ? Je l'ai pas mis depuis mon arrivée. Personne porte de jean en Inde.

– De quoi tu parles ? Tout le monde porte ou rêve de porter un jean en Inde.

– C'est pas vrai.

– C'est pas vrai, hein ? Putain, pourquoi tu m'as laissé acheter cette merde d'imitation, alors que t'en avais un vrai ?

– J'sais pas. J'avais oublié.

– Sais-tu combien tu peux vendre un vrai Levi's ici ?

– Non.

– Une fortune. Ça vaut de l'or. Putain, j'arrive pas à le croire, que tu trimballes dans ton sac un Levi's et que tu te balades dans les rues avec ce futal de paysan à vingt roupies.

– J'l'ai pas payé vingt roupies, mais cinquante.

– Tu as payé cinquante roupies cette serpillière ? Putain, t'es vraiment grave. »

Quand Ranj a reniflé mon Levi's, il a manqué s'évanouir. Il a aussitôt fait un baluchon de toutes mes affaires et expédié le tout à la blanchisserie de l'hôtel. J'ai ensuite enfilé mon nouvel uniforme de dragueur et on est partis en reconnaissance.

Le bar de l'hôtel ressemblait à un décor de film de James Bond et, en l'honneur du grand homme, on a commandé des Martini dry. La plupart des clients étaient de riches Indiens, une expression qui m'avait toujours paru contradictoire, mais il y avait quelques visages pâles dans un coin, et c'est parmi eux qu'on est allés se poser.

Au bout de quelques minutes, j'ai attiré Ranj à l'écart.

« Putain, qu'est-ce qu'on branle ici ? T'as vu un peu cette bande d'iguanes. On se croirait aux Galapagos.

– Et alors.

– Merde, c'est que des mémés. C'est répugnant.

– Tu t'attendais à quoi ? Des divorcées de vingt-deux ans, ça n'existe pas. Avec beaucoup de chance, tu pourrais tomber sur une jeune veuve, mais les divorcées sont vieilles.

– Et c'est des vieilles que tu cherches ?

– Je dois t'avouer que je les trouve assez moches.

– Moches ? Merde, elles sont monstrueuses. En plus, elles sont toutes accompagnées. C'est rien que des couples qu'ont au moins quarante ans de mariage.

– D'accord, d'accord. J'suis pas Monsieur Clairvoyant. J'pouvais pas deviner l'âge des clients.

– La seule qui me branche, c'est la blonde, là-bas.

– Celle qui est dans le coin ?

– Ouais.

– Celle qui est avec le grand balèze ?

– Euh… ouais.

– Celle qui disait que c'était vraiment l'endroit rêvé pour une lune de miel ?

– Ben ouais.

– T'aimes bien rêver, hein, Dave ?

– Alors, montre-m'en une autre qui vaille le coup ?

– Celle-là, elle est bien. »

Ranj a eu de signe de tête en direction d'une jeune Indienne.

« Elle ?

– Ouais, elle.

– Mais… mais elle est indienne.

– Et après ?

– On peut pas baiser avec des Indiennes.

– Pourquoi pas ?

– J'veux dire… elle est… elle est avec ses parents.

– Et alors, où est le problème ?

– Ses frères viendraient te tuer au milieu de la nuit.

– Pour quelle raison ?

– Mais j'sais pas, moi, pour avoir… insulté son honneur.

– Non, mais tu te crois où, ici ? Au Pakistan ? Chez les Barbares ? L'Inde est un pays civilisé.

– Je sais bien.

– Comment crois-tu que la race se perpétue dans cette partie du monde ?

– Eh bien… comme partout, je suppose. Mais tu disais toi-même que tes parents avaient organisé ton propre mariage.

– Eh bien, moi, je vais organiser ma propre nuit de baise.

– Mais… elles couchent ?

– Qui ça ?

– Les Indiennes.

– Pourquoi elles coucheraient pas ? Et puis rappelle-toi que j'suis d'une bonne famille. »

Sur ce, il s'est lissé les sourcils et s'en est allé aborder la belle Indienne.

Cette nuit-là, j'ai été réveillé par des bruits provenant de la chambre de Ranj. Des cris et des râles, des halètements et des grincements de sommier, à croire que quarante déments partouzaient en camisoles de force. À mon grand soulagement, j'ai découvert qu'on pouvait capter une chaîne porno par satellite sur la télé indienne.

Le lendemain matin, Ranj m'a informé qu'il l'avait trouvé un peu jeune pour son goût, mais qu'elle savait tout de même y faire. Il m'a ensuite poliment demandé si je m'étais bien amusé à ma partie de bridge.

« C'était pas du bridge, couillon.

– C'était quoi ?

– Whist.

– Ah ouais.

– Et j'me suis fait chier. Je toucherai jamais une bille, si on passe notre temps à traîner dans cet hôtel.

– T'inquiète, j'ai un plan.

– Lequel ?

– On va louer un bateau et aller draguer le long de la plage.

– J'sais même pas comment on rame, et j'crois pas que ça nous avantagerait.

– C'est pas une barque à rames qu'on va louer, crétin, mais un hors-bord.

– Un hors-bord, pour de vrai ?

– Ben ouais.

– Génial ! J'suis jamais monté dans un bateau à moteur.

– T'es jamais monté dans une barque ni dans un hors-bord ? T'as jamais foutu les pieds sur un bateau, en fait ?

– Si, sur un ferry.

– Tu sais que t'es un type fascinant, Dave ?

– Ouais, c'est ce qu'on me dit souvent. »

Ping dans le mille

Ranj savait parfaitement piloter un canot automobile, même s'il prétendait que c'était une première pour lui. On a emporté un shaker et des verres à cocktail avec nous, histoire de jouer les James Bond, et on a commencé par longer et relonger la plage, pendant que je me penchais par-dessus bord en criant de joie. Je n'avais jamais été aussi heureux de ma vie. En moins d'une semaine, il me semblait être passé du fond de l'abîme à... à l'impression d'être... d'être Sean Connery. Non pas que le dénommé Sean soit du genre à sautiller d'allégresse en disant « quel bonheur ! quel bonheur ! » mais enfin vous voyez ce que je veux dire.

On ne pouvait pas se rapprocher suffisamment de la plage pour vraiment mesurer ce qu'elle avait à offrir, alors on a débarqué et, munis de nos cocktails, on est partis en maraude. Ranj avait une espèce de radar sexuel capable de détecter la femelle à un kilomètre et, tandis que les signaux se faisaient plus persistants, il commençait à piaffer d'impatience comme un bourrin qu'on mène à la saillie.

« Je sens quelque chose de bon. Je le sens. » Il courait presque, maintenant, et j'avais du mal à le suivre dans ce sable qui m'aspirait les pieds.

Et puis Ranj s'est arrêté net, tel un chien d'arrêt, et j'ai manqué lui rentrer dedans.

« Dans le mille ! Sept blondes.

– Où ?

– Là-bas, près de l'eau.

– On pourrait pas souffler un peu ? Elles sont vachement loin à pied.

– Merde, regarde-moi ça !

– Quoi ?

– Ces deux-là. »

J'ai suivi son regard et j'ai vu deux Occidentales assises pas très loin à l'ombre d'un palmier. Elles étaient vêtues toutes les deux de saris blancs, et j'ai réalisé que je n'avais encore jamais vu de saris de cette couleur. À la vérité, je n'avais pas vu de Blanches en sari. C'était une vision étrange. Je n'arrivais pas à distinguer leurs visages mais il y avait quelque chose en elles qui me semblait familier.

« C'est vachement bizarre, a dit Ranj.

– J'ai l'impression de les connaître, j'ai dit.

– Tu sais ce que ça veut dire… de porter un sari blanc ?

– Non.

– C'est comme de porter du noir en Angleterre.

– Quoi… pour un deuil, tu veux dire ?

– Ouais. Les veuves doivent s'habiller de blanc. Ça symbolise la fin des plaisirs de ce monde et toute cette merde.

– Et tu crois que…

– Elles fument un joint. Elle sont vêtues en veuves et elles fument un pétard !

– Il me semble les avoir déjà vues.

– Putain, ça me fout les jetons, si tu veux le savoir.

– Je vais jeter un œil.

– À ta guise. Moi, je continue tout droit sur le panier de blondes. »

Alors que je me rapprochais et que leurs visages devenaient plus distincts, j'ai eu la confirmation qu'il s'agissait bien de Fee et de Caz. Et elles avaient l'air vraiment déglingué : plus maigres encore, le teint gris, les cheveux gras. Quand Fee m'a reconnu, elle est restée comme deux ronds de flan.

« Mon Dieu, c'est toi ? elle s'est écriée.

– En chair et en os. »

Elle m'a regardé avec une expression de profond dégoût.

« Qu'est-ce qui t'est arrivé ? »

J'allais lui répondre que j'avais été malade quand j'ai compris qu'elle faisait allusion à ma chemise hawaïenne, à mon short jaune citron, à mon verre à cocktail et au masque de plongée qui pendait à mon cou.

« Comme d'habe, j'me balade, j'ai répondu, relax. Et toi ? »

Ça lui en bouchait un coin de me voir si cool, et elle a bafouillé : « Euh… eh bien, moi c'est pareil. »

J'ai remarqué que Caz, assise toute droite dans le sable, le regard vissé sur l'horizon, se balançait doucement d'avant en arrière comme un enfant autiste. Elle ne m'avait pas jeté un seul regard, et il était probable qu'elle n'ait même pas remarqué ma présence.

« Elle va bien ? j'ai demandé.

– Non, elle va pas bien du tout, a dit Fee d'un ton qui semblait impliquer que c'était de ma faute.

– C'est tout de même une coïncidence incroyable. Comment se fait-il que vous soyez dans le Sud ? Je vous croyais dans un ashram avec Qui-tu-sais.

– Qui-tu-sais, comme tu le dis si justement, n'est plus notre amie.

– Qu'est-ce qu'elle a fait ?

– C'est une longue histoire.

– J'ai du temps devant moi. »

Je me suis assis tout en remarquant que Ranj s'était déjà infiltré dans le groupe des baigneuses blondes. Caz continuait sa balançoire en fixant la mer.

Je voyais bien que Fee était angoissée et qu'en dépit des apparences, elle était bien contente de me revoir. Elle m'a regardé pendant un moment en tirant longuement sur son joint avant de me le passer et de commencer son histoire.

« Tout a commencé avec ce type… Ping.

– Ping ?

– Ouais, notre prof de yoga à l'ashram. Caz et moi, on était déjà allées deux fois là-bas, et chaque fois Caz s'était liée de plus en plus avec Ping. Quand on est donc retournées là-bas toutes les trois, on a présenté Qui-tu-sais à Ping, et le problème c'est qu'elle savait très bien ce qu'il y avait entre Caz et Ping, et… non, vraiment ça me fait trop mal d'en parler. »

Elle s'est murée dans le silence, le regard au loin et les lèvres pincées.

« Qu'est-ce qui s'est passé ? »

Elle a poussé un soupir résigné et a repris : « On est là toutes les trois en pleine leçon de yoga intime, et Ping aide Liz… j'veux dire, Qui-tu-sais, à localiser son centre, et voilà qu'elle se met à gémir de manière pas normale pour une débutante. J'veux dire qu'elle faisait semblant. On était là que depuis une semaine. Bref, Qui-tu-sais n'arrête plus de ronronner comme une chatte en chaleur, et Ping et elle finissent par se lever et disparaissent la main dans la main dans la pièce voisine. Caz connaît bien Ping et elle sait très bien ce qui se passe, alors elle attend quelques minutes et puis elle va voir et… non, c'est trop horrible… »

Elle a de nouveau observé un long silence.

« Vas-y, raconte ? j'ai demandé, impatient de savoir la suite.

– Imagine la surprise de Caz quand elle passe la tête dans la pièce et découvre qu'ils… qu'ils… sont passés tantriques.

– Excuse-moi.

– Ils pratiquent le tantrisme.

– C'est quoi, ça ?

– Tu ne sais pas ce qu'est le tantrisme ?

– Non ?

– La méditation tantrique ?

– Non.

– Il y a seize grands états méditatifs, et chacune des cinq principales écoles de pensée divise les seize en trois catégories. Les écoles du Chapeau Rouge et du Chapeau Jaune Tibétain les divisent elles-mêmes…

– Excuse-moi, mais laisse tomber les détails et dis-moi seulement ce qu'est le tantrisme.

– Il ne fait pas partie des seize. Il est une des écoles.

– Parfait. Vas-tu me dire maintenant en quoi ça consiste ?

– C'est très difficile de le décrire en une seule phrase mais, fondamentalement, c'est la recherche du nirvana à travers le centre ultime du moi sexuel.

– Je te demande pardon ?

– En gros, tu médites en ayant un rapport sexuel.

– Alors, quand tu racontes que Liz et Ping étaient passés tantriques, tu veux dire qu'ils étaient en train de baiser.

– On peut le formuler comme ça.

– Putain, c'est incroyable ! Vous l'avez introduite dans ce machin et moins d'une semaine après elle s'envoie en l'air avec le prof de yoga.

– T'as pas besoin d'être grossier. Le malheur, c'est que Caz était un peu sur les nerfs juste à ce moment-là et elle a perdu les pédales.

– Qu'est-ce qu'elle a fait ?

– Oh, c'était terrible. Elle s'est mise à hurler et à casser des choses. Puis elle a arraché ses vêtements et a couru dans l'ashram en criant des horreurs. À la fin, l'un des assistants spirituels a dû lui passer une camisole de force.

– Une camisole de force ?

– Elle est mieux, maintenant. Enfin, non, elle va pas bien du tout. Elle ne dit plus un mot ni rien. Mais elle n'est pas dangereuse.

– C'est terrible. Comment se fait-il qu'ils aient des camisoles dans un endroit pareil ?

– Oh, ce genre d'incident est assez banal. Les contraintes d'une discipline yoga peuvent déstabiliser certains individus fragiles. Caz n'est pas malade. Elle a seulement besoin de repos. Alors, quand ils nous ont fichues dehors, elle et moi…

– Ils vous ont fichues dehors ?

– Bien sûr. Tu ne peux pas laisser des gens hurler pendant que les autres essaient de méditer. C'est pour le bien de tous. Alors, j'ai décidé de l'emmener dans le Sud où elle pourrait se détendre sur la plage, loin de la foule. Et puis, quand elle aura retrouvé la parole, je la ramènerai chez elle. Pour le moment, si elle rentrait dans cet état, ses parents le prendraient très mal.

– C'est… c'est horrible ce qui lui est arrivé.

– Je sais.
– Elle a l'air d'un zombie.
– Ouais, et on doit toutes les deux entrer en fac dans... un mois.
– C'est la tasse.
– Tu veux dire la cata. C'est déjà assez dur pour moi de devoir me réaccoutumer à la culture occidentale. Rien qu'à la pensée de porter une jupe ou un pantalon j'en ai des boutons – c'est tellement contraignant, tu sais – mais pour Caz, alors là je sais vraiment pas.
– Elle voulait faire quoi ?
– Français et espagnol à Bristol.
– Comment elle pourrait apprendre des langues étrangères si elle arrive même plus à articuler un mot d'anglais ?
– Ça prendra du temps mais elle s'en sortira. Quand on a vécu avec les lépreux, ce genre de handicap n'est rien. Il faut quand même relativiser les choses, non ? Elle possède toujours cent fois plus qu'un Indien pourrait espérer.
– C'est des conneries, ça.
– Tu n'as pas encore mesuré l'énorme privilège d'être occidental. Financièrement, j'entends. Spirituellement, nous sommes des indigents. C'est bien pour ça qu'on est sujets à ce genre de dépression.
– Mais... ça fait longtemps qu'elle est dans cet état ?
– Quelques semaines.
– Et tout ça parce que Liz a baisé avec Ping.
– C'est la goutte d'eau qui a fait déborder le vase.

– Tu parles d'une goutte d'eau.

– C'est tellement stupide, en plus, parce que Ping couchait avec tout le monde.

– Quoi ?

– Ça faisait partie des cours, je suppose. S'il jugeait que tu pouvais aller plus haut, il t'aidait à passer tantrique.

– Toi aussi… ?

– Non, je voulais que Caz soit la première à découvrir son centre, alors je me suis montrée assez froide avec lui, en espérant qu'il comprendrait le message et se concentrerait sur Caz.

– Et c'est ce qu'il a fait ?

– Non, et c'est ça le malheur. Il s'est concentré sur Liz. Il a découvert le centre de Qui-tu-sais plus vite que celui de Caz.

– Le centre de quoi ?

– Tu ne sais rien du yoga intime ?

– Que dalle.

– C'est une technique pour situer le point central des énergies du corps par l'imposition des mains d'un yogi qualifié.

– L'imposition des mains ?

– Tout à fait. Il apprend au groupe la position de base et, pendant qu'on commence à méditer, il vérifie et rectifie la posture de chacun. Et c'est seulement quand tu as trouvé un équilibre parfait et que tu es détendu et en paix, qu'il impose ses mains et t'aide à localiser ton centre.

– Il est où, le tien ?

– J'ai jamais pu le trouver avec précision, mais il est quelque part par là. »

Elle a croisé les jambes et s'est redressée bien droite et puis elle a placé les extrémités de ses doigts juste au-dessus du pubis.

« Waouh ! Et c'est là que le centre est situé en général ?

– Non, c'est différent pour chaque personne.

– Ah, je vois. Les grosses mémés l'ont quelque part sur l'épaule et les jeunes nanas bien roulées l'ont en plein sur le clito.

– Qu'est-ce que tu peux être cynique. Je me demande comment tu fais pour te supporter.

– Ce type est un génie. Et Caz, il était où son centre ?

– En voilà une question ! C'est bien trop personnel. Si tu connais le centre d'une personne, tu peux exercer un pouvoir sur elle.

– Allez, je le dirai à personne. Où c'était ?

– Écoute… elle ne l'a jamais vraiment su elle-même.

– Mais en gros, où est-ce qu'il cherchait, Ping ?

– Eh bien, il l'a vaguement situé dans le creux du coude.

– Tu vois ?

– Qu'est-ce que tu veux dire ?

– Rien, si ce n'est qu'elle ne lui plaisait pas. Et puis franchement, qui a envie de coucher avec un squelette ?

– Elle est pas sourde, tu sais. Tu es très blessant.

– Ce Ping est un génie. Putain, les gens le paient et, en échange, il les baise, et tout le monde est content.

– C'est effectivement un génie, mais c'est pas de la baise, comme tu dis, c'est de l'accomplissement spirituel.

– C'est la meilleure, celle-là. En tout cas, c'est un plan d'enfer. Faudra que j'apprenne à en faire autant.

– C'est quelqu'un de hautement qualifié. Il faut suivre cinq années d'études à l'Institut international du yoga intime avant de pouvoir exercer.

– L'Institut international ?

– Oui, à San Francisco.

– Alors, c'est pas juste un petit malin qui se saute toutes les nanas qui passent par sa cabane dans un bled perdu de l'Inde ?

– C'est un mouvement international.

– Putain ! J'peux pas le croire ! Alors, dans le monde entier en ce moment même, des centaines de nanas sont en train de coïter au nom de l'accomplissement spirituel ?

– C'est probable.

– Quelle pensée vertigineuse. »

Ranj revenait de sa reconnaissance. Il m'a tiré à l'écart pour me dire qu'il venait de faire la connaissance de l'équipe féminine de handball suédoise qui, en tournée dans le Sud-Est asiatique, faisait une escale à Kovalam, et qu'on avait rancart avec elles dans la soirée pour une leçon de pendjabi.

« Combien y a-t-il de joueuses dans une équipe de hand ? j'ai demandé.

– J'sais pas, mais elles sont sept. Il y en a peut-être d'autres en réserve.

– T'es génial, Ranj. Fee... ça te dirait de nous retrouver plus tard pour une leçon de pendjabi ? Je te présente mon ami Ranj. C'est lui, le prof. »

Le visage de Fee s'est éclairé à la vue d'un Indien. Elle m'a même adressé un sourire pour m'être fait un ami parmi les indigènes.

« Alors... tu es... l'ami de... David ? elle a demandé à Ranj en articulant soigneusement, comme pour un retardé mental.

– Putain, je veux. C'est un déconneur de première, le Dave, a répondu mon copain de Putney.

– Euh... c'est vrai », a bredouillé Fee en rougissant.

Tu ne crois pas
que tu t'es assez amusée comme ça ?

Le plus bizarre, c'est que j'ai dédaigné d'apprendre comment on désignait en pendjabi les diverses parties anatomiques de notre bouquet de blondes suédoises, pour passer la plus grande partie de mon temps à bavasser avec Fee.

Je sais à présent que je l'ai détestée dès notre première rencontre – elle n'était qu'une snob, doublée d'une paumée – mais je dois avouer que, cette nuit-là, j'ai réussi à lui trouver du charme. Bravo. Je pense que le flip de Caz y était pour quelque chose. Fee avait troqué ses airs amidonnés de pensionnaire de collège huppé contre une douce mélancolie que je trouvais très excitante. Les filles tristes m'avaient toujours fait bander.

Fee semblait aussi avoir mis au rancart ses conneries harekrishnesques, permettant ainsi un paisible bavardage que seule la présence catatonique de Caz parasitait légèrement. Fee m'a ainsi confié qu'elle ne portait pas le sari par goût mais bien parce qu'elle avait été contrainte de laisser tous ses autres vêtements à l'ashram et qu'elle n'avait pas eu l'occasion d'en acheter d'autres.

Après une heure ou deux de ce gentil babil, ponctué par les innombrables expressions en pendjabi désignant les nichons, il s'est créé une atmosphère flirteuse entre Fee et moi. Le bruit lancinant du ressac, la lumière laiteuse de la lune que découpaient les palmes des cocotiers, une musique lointaine portée par la brise et la libidineuse leçon d'anatomie de Ranj contribuaient à créer un climat lourdement chargé d'un besoin croissant de copulation.

« Ça faisait longtemps que vous sortiez ensemble, Liz et toi ? m'a demandé Fee avec un sourire aguicheur.

– Un certain temps.

– Et… c'était bien ?

– Quoi… sexuellement ? »

Elle a hoché la tête.

Je me suis livré à une rapide réflexion. Un « non » me ferait passer pour un amant nul mais un « oui » la découragerait. Quant à lui dire la vérité, autant me couvrir la tête des cendres de ma déconfiture.

« Oh, c'était pas mal, mais j'ai vu mieux, j'ai répondu, impressionné par mon sens de la diplomatie.

– Qu'est-ce qui n'allait pas ?

– Oh, tu connais Liz. C'est quelqu'un de profondément égoïste et pas très sensible, pour finir, et ça se sentait quand on faisait l'amour.

– C'est la personne que je hais le plus au monde, a dit Fee avec conviction.

– Elle ne m'est pas non plus très sympathique, j'ai ajouté, très satisfait de mon sens de l'euphémisme.

– J'aimerais tellement lui…

– Lui casser la gueule ?

– Ouais, lui casser la gueule. » Dit avec l'intonation snob de Fee, ça sonnait grotesque et ça nous a fait sourire.

« Tu sais ce qui la ferait vraiment râler ? j'ai dit.

– Non, dis-le-moi.

– D'accord, c'est fini entre elle et moi, mais elle est foncièrement jalouse et, si elle me savait avec une autre fille, elle en serait malade. Surtout si c'était quelqu'un de sa connaissance. »

Fee m'a regardé en battant des paupières, et j'ai soutenu son regard en grimaçant un sourire en coin.

« Est-ce que tu veux dire que… ? » Elle s'est penchée un peu vers moi.

« J'sais pas. À ton avis ? j'ai répliqué en me rapprochant d'elle.

– Dis-le-moi et je te dirai si j'ai pensé la même chose. » Elle s'est avancée encore.

« Non, toi, dis-le-moi, et je confirmerai. » Et de m'incliner d'un cran de plus vers elle.

« Alors, on est arrivés à une impasse », elle a conclu en collant sa bouche contre la mienne.

La seule chose à faire en la circonstance était de lui rouler un patin.

Elle était sans l'ombre d'un doute la pire bécoteuse que j'aie jamais eu le désagrément d'embrasser. J'avais l'impression que ma langue était coincée dans l'embout d'un aspirateur et, en même temps, mise à essorage rapide dans une machine à laver.

J'ai été sauvé de l'amputation de mon organe par Ranj venu nous suggérer qu'on retourne à l'hôtel faire razzia sur nos minibars. Quelques-unes des Suédoises sont rentrées se coucher, mais Ranj a pris un rickshaw avec trois d'entre elles, j'ai embarqué dans un autre avec Fee et Caz et on a mis le cap sur l'Ashok Beach Resort.

Après avoir vidé tout ce qu'il y avait à boire dans nos frigos, Ranj a emmené les trois handballeuses dans sa chambre, nous laissant Caz, Fee et moi.

« Eh bien, voilà, j'ai dit.

– Oui, voilà », a dit Fee.

Que pouvait-on ajouter ? Je me suis approché d'elle et je l'ai embrassée. Afin de m'éviter une mutilation linguale, j'ai essayé de la déshabiller tout en la bécotant, ce qui tenait du déballage d'une momie. J'ai fini par trouver une technique qui consistait à tourner autour d'elle avec un paquet de voiles grossissant dans mes mains et à faire un arrêt bécot chaque fois que je passais devant elle. C'était rigolo mais pas vraiment bandant comme préliminaires amoureux.

On s'est retrouvés finalement sur le lit, vêtus de nos seuls slips, à se frotter et se tordre et grogner et gémir, bref à feindre une folle excitation. Mais quand Fee a commencé à geindre d'une manière qui n'était plus du cinéma, j'ai eu une pensée pour l'autre catatonique.

« Mais… et Caz ? » j'ai demandé, gêné.

On s'est arrêtés pendant un moment pour observer Caz qui était assise toute droite dans un fauteuil et regardait le mur en face d'elle en se balançant plus vite que d'habitude.

« Elle va bien, a dit Fee.

– On va tout de même pas la laisser là pendant que…

– Qu'est-ce qu'on peut faire d'autre ?

– J'sais pas mais ça te gêne pas, toi ?

– Non, pas vraiment. Je suis tellement habituée à la voir comme ça.

– J'ai jamais fait ça devant quelqu'un, tu sais.

– On pourrait l'installer dans la salle de bains.

– Non, ce serait pire.

– Elle ne nous regarde même pas. Et puis, peut-être que tu trouveras ça excitant.

– D'accord, je vais chercher une capote.

– Non, c'est pas la peine.

– Quoi… tu prends la pilule ?

– Non. Je pratique le sexe non pénétrant.

– Le « sexe non pénétrant » ? C'est quoi ça, bordel ?

– Un rapport sans pénétration, pardi.

– Et comment peux-tu avoir un rapport sans pénétration ?

– Il y a d'autres voies.

– C'est une contradiction dans les termes. Faire du vélo sans vélo. »

Elle m'a fait taire d'un patin musclé et puis elle est descendue au barbu et m'a taillé une pipe. C'était vachement embarrassant, parce que chaque fois que j'ouvrais les yeux, je voyais Caz. Et le plus grave, c'est qu'au lieu de contempler le mur, c'était moi qu'elle fixait, et d'un regard où couvait une colère de braise. Alors, ce n'était pas évident de se laisser emporter par les plaisirs d'une fellation quand on était sous le feu de deux pupilles meurtrières. Heureusement, Fee suçait aussi bien qu'elle embrassait mal, et je n'ai pas tardé à jouir dans sa bouche. Elle a tout recraché illico sur la moquette – un geste plutôt grossier, je dois dire – et m'a demandé si je n'avais pas un chewing-gum ou un bonbon. Tout ce que j'ai pu trouver, c'est un peu de hasch, alors on s'est roulé un pétard, ce qui était un soulagement pour moi, parce que maintenant que l'excitation était retombée, je n'avais pas envie de lui rendre sa gâterie.

« Tu es sûre que ta copine va bien ? » je lui ai demandé.

Caz continuait de nous incendier d'un œil brûlant de fièvre psychotique.

« Il faudrait qu'elle dorme, a dit Fee. On ne peut pas la laisser assise toute la nuit sur ce fauteuil. On ne pourrait pas lui faire une place dans le lit ?

– On peut, oui. Mais tu te mets au milieu, alors. J'ai pas envie de l'avoir à côté de moi. Elle a l'air complètement dingue.

– Ne t'inquiète pas. Elle est seulement fatiguée. »

On a terminé le joint, puis Fee m'a demandé de me tourner, pendant qu'elle déshabillait Caz et la mettait au lit.

Le lendemain matin, j'ai été tiré du sommeil par des éclats de voix dans la chambre voisine.

« Non, non, non. Pas question ! criait un homme. Ça n'est pas permis, ce genre de choses ! Vous n'êtes pas dans un bordel, ici. Vous êtes des gens sans morale ! »

J'ai entendu la voix de Ranj qui gueulait encore plus fort : « C'est ma chambre, et j'fais ce que j'veux.

– C'est mon hôtel, et je ne permettrai pas ça. On ne peut pas commander quatre petits déjeuners quand on a une chambre individuelle, et le pauvre homme qui a monté les plateaux est encore tout bouleversé de ce qu'il a découvert. Je dois d'abord penser à mon personnel et je vais vous faire expulser de mon établissement.

– C'est pas écrit dans le règlement qu'on a pas le droit de partager son lit avec quelqu'un.

– Il est écrit dans le règlement que la direction se réserve le droit de chasser les indésirables de votre espèce, et c'est ce que je vais faire. »

J'ai entendu claquer la porte de la chambre de Ranj et, quelques secondes plus tard, on frappait à la mienne.

« Entre », j'ai dit, pensant que c'était Ranj.

Un Indien dans un élégant costume de ville a poussé timidement la porte.

« Je suis terriblement désolé de vous déranger, monsieur, mais après ce que vient de me faire votre compatriote, je vais devoir… » Il s'est tu brusquement, le visage pâlissant. « Oh, mon Dieu, mon Dieu ! Celui-ci aussi ! » Et de faire demi-tour en levant les bras au ciel. « Trois dans un lit ! Je croyais avoir tout vu mais voilà que deux jeunes Anglais ont transformé mon hôtel en lupanar ! Quatre dans un lit, à côté ! Trois, ici ! Je vous donne une demi-heure pour quitter votre chambre. Vous êtes des animaux. Vous n'avez pas la moindre moralité.

– Vous ne comprenez pas. Nous ne faisions rien de… c'est une amie… on pouvait pas la laisser dormir sur le fauteuil.

– Vos pratiques ne m'intéressent pas. Quittez cet hôtel et ne revenez plus jamais entacher sa réputation. »

Sur ce, il a claqué la porte.

Et puis Ranj est arrivé, le visage fendu d'un grand sourire, suivi des trois Suédoises, en soutiens-gorge et slips affriolants.

« C'est hilarant, a dit Ranj. C'est la première fois de ma vie qu'on me vire d'un hôtel.

– Mais nous, on ne…

– Et toi aussi, tu l'as tué. On se pissait dessus en écoutant au mur. *Quatre dans un lit, à côté ! Trois, ici !* Putain, c'est trop !

– Il fallait bien que Caz dorme, et on pouvait pas…

– T'as raison, à trois c'est trois fois mieux, m'a interrompu Ranj, hilare. Et puis cet hôtel est chiant. Vous voulez pas venir avec nous au Moon Cottage ? Il est juste au bord de la plage.

– Tu veux bien me passer mon short ? »

Je me suis habillé sous le drap et j'ai remarqué que Caz dormait encore, alors que Fee avait l'air choquée et contemplait le mur en face d'elle avec la même fixité que Caz.

Je suis sorti du lit et lui ai tapoté doucement le bras.

« Fee ? Tu devrais te lever.

– Non, elle m'a répondu.

– Pardon ? »

Elle a ouvert grande la bouche et s'est mise à hurler : « NOOOON ! JE VEUX PAS ! JE VEUX PAS SORTIR DE CE LIT ! C'EST LE LIT LE PLUS CONFORTABLE DU MONDE ! NOOOON ! JE ME LÈVERAI PAS ! »

Le directeur s'est ramené au pas de course. « QU'EST-CE QUE C'EST QUE CE VACARME ENCORE ? VOUS... » Il a manqué s'étrangler à la vue des Suédoises à moitié nues et a virevolté face au mur. « Oh, mon Dieu ! C'est trop ! Je ne peux plus supporter ça. » Il pleurait presque, à présent. « Je vous en prie, couvrez ces femmes. C'est scandaleux. Et ce bruit est tout simplement intolérable...

– NOOONNN ! JE VEUX PAS PARTIR ! JE VEUX PAS !

– Mais je dois veiller au confort de mes autres clients. Vous êtes en train de détruire la réputation de cet établissement.

– C'EST UN LIT ! UN VRAI LIT ! JE VEUX DORMIR DANS UN VRAI LIT ! JE DORMIRAI PLUS JAMAIS SUR CES HORRIBLES PLANCHES DE BOIS ! PLUS JAMAIS ! ET IL Y A UNE MOQUETTE ! J'AI BESOIN D'UNE MOQUETTE !

– Vous allez me sortir tout de suite cette harpie hurlante de mon hôtel. »

C'est à ce moment que Caz s'est réveillée. Découvrant Fee en pleurs, elle s'est redressée plus droite que jamais dans son lit, révélant une paire de seins maigrichons, et s'est mise à se balancer de plus en plus vite en enroulant autour de ses doigts une longue mèche grasse et en poussant à son tour une plainte aiguë.

« Après le bordel, l'asile de fous ! s'est écrié le directeur.

– Ne vous inquiétez pas, lui a répondu l'une des Suédoises. Ces filles sont un peu déprimées. Nous allons leur remonter le moral et puis nous pourrons tous partir. » Elle a passé son bras autour des épaules du directeur, qui en a hoqueté de stupeur. Le visage congestionné par l'envie de coller ses yeux sur la sublime poitrine qui ballottait sous son menton, il s'est dégagé du bras de sa consolatrice. « Je vous donne vi... vingt minutes, il a bafouillé. Après quoi, j'appelle la police. »

Il est sorti de la chambre en manquant se prendre les pieds dans le tapis et a claqué la porte derrière lui.

La Suédoise est allée s'asseoir à côté de Fee, qui gémissait de concert avec Caz. « Ça va pas, hein ?

– JE VEUX PAS PARTIR ! CE LIT EST TELLEMENT BON ! »

La Suédoise m'a regardé.

« Elles ont un peu morflé en cours de route, j'ai dit.

– Tu n'as pas envie de rentrer chez toi ? a demandé la Suédoise à Fee.

– JE PEUX PAS. IL ME RESTE DEUX SEMAINES. JE PEUX PAS ABANDONNER MAINTENANT.

– Tu ne crois pas que tu t'es assez amusée comme ça ? Tu serais peut-être plus heureuse à la maison.

– MAIS J'AI PAS TERMINÉ MON VOYAGE ! JE PEUX PAS PARTIR !

– Tu as entendu le directeur, il n'y a plus de lit pour toi, ici.

– NOOONNN ! JE ME LÈVERAI PAS ! C'EST UN TROP BON LIT !

– NOOONNN ! s'est mise à gémir Caz, émettant son premier son depuis plus d'un mois.

– Tu ne veux pas qu'on t'emmène en ville ? a demandé la Suédoise à Fee. On appellera tes parents et on leur expliquera que tu ne te plais plus ici. Après ça, on ira prendre des billets d'avion pour ta copine et toi. Comme ça, tu auras bientôt un bon lit, ton lit. Tu ne dormiras plus jamais sur des planches.

– Crois-tu ?

– Bien sûr. Vous deux… » Elle s'est tournée vers Ranj et moi. « Allez dehors pendant que je l'habille. Comment s'appelle-t-elle ?

– Fee.

– Et son amie ?

– Caz.

– Allez, filez. »

On est allés dans la chambre voisine, pendant que les Suédoises s'occupaient des deux Anglaises en détresse.

J'ai regardé Ranj s'habiller et faire sa valise. Quelques minutes plus tard, les Suédoises nous ont rejoints avec Fee et Caz emmaillotées dans leurs saris blancs, et j'en ai profité pour regagner ma piaule. J'étais encore en slip et, dans le couloir, j'ai vu une bonne vingtaine de femmes de chambre regroupées près de la sortie de secours, qui me regardaient avec de grands yeux. J'ai haussé les épaules et me suis hâté de pousser ma porte.

Ranj a payé avec la carte American Express de son oncle. Dans l'après-midi, les efficaces Suédoises appelaient les parents de Fee et de Caz. La mère de Fee s'est chargée de prendre deux billets au bureau londonien d'Air India, qui les a faxés à l'aéroport de Trivandrum.

Le prochain vol pour l'Europe n'avait lieu que dans deux jours, et nous avons veillé chacun notre tour sur les deux paumées. Alors que Fee semblait être en complète régression depuis l'épisode trois-dans-le-lit, Caz progressait manifestement, passant du mutisme à un babillage incessant.

On est tous allés les accompagner en bus à l'aéroport. On a retiré leurs billets et on les a laissées dans la salle d'attente des départs. À les voir si totalement perdues, leurs chances de monter dans le bon avion à Trivandrum nous paraissaient minces. Que dire du changement qu'elles devaient faire à Bombay. Mais on ne pouvait rien de plus pour elles. Il y aurait bien quelqu'un pour les embarquer dans un appareil allant vaguement dans la bonne direction.

Entre-temps j'avais raconté à Ranj l'équipée de Fee et Caz à l'ashram, une histoire qui l'avait plié en deux de rire. Il m'avait aussitôt recommandé de n'en donner qu'une version expurgée aux Suédoises, de manière à lui permettre de se faire passer pour un maître du yoga intime.

Il a attendu qu'on quitte l'aéroport pour glisser quelques mots sur sa maîtrise de yoga et, dès lors, les après-midi sur la plage ont été consacrées à la recherche du centre de l'énergie. Toutes les Suédoises, sauf la gardienne de but, avaient le fameux point situé dans l'entrecuisse ou tout au bas du ventre.

Paix

Chère maman, cher papa,

Excusez ma dernière carte, mais c'était un peu la déprime à ce moment-là. Depuis, je me rattrape. J'ai rencontré un type extra, un Indien de Putney, qui est bourré de fric et me paye une chambre dans un palace. On s'amuse comme des fous tous les deux et on vient juste de s'installer dans un hôtel moins luxueux en bordure de la plage, pour être plus près de l'action. Je serai bientôt rentré.

Je vous aime,
Dave.

P.-S. : J'ai appris que Liz couchait avec un gourou dans le Rajasthan. Si vous rencontrez ses parents, n'hésitez pas à leur transmettre la nouvelle.

Cher grand-père,

Je passe des moments inoubliables, ici. Ce voyage en Inde aura été une formidable expérience, qui m'a énormément changé.

Quelques-uns des chemins de fer sont encore à vapeur ! J'espère que tu vas bien.

Ton petit-fils qui t'aime,
Dave.

Les Suédoises ont fini par partir, elles aussi, et Ranj n'avait plus le moral. Il me restait alors une semaine à tirer, et Ranj et moi on a décidé que la fiesta était terminée. Ranj irait retrouver sa famille, ferait ses excuses et consentirait à ses fiançailles. Quant à moi, je poursuivrais en train jusqu'à Delhi. D'après Le Livre, le voyage me prendrait deux jours. En comptant une journée pour les imprévus et trois à Delhi, le temps de confirmer mon retour, je n'avais pas intérêt à traîner.

On a pris le bus pour Trivandrum. Ranj est allé à l'aéroport réserver son vol à destination du Pendjab, pendant que j'en faisais autant pour mon train. De retour à Kovalam, on a regardé nos billets comme s'ils étaient des arrêts de mort. Enfin, c'était surtout lui qui l'avait amère, parce que moi j'étais plutôt content de rentrer à la maison. J'étais même tellement excité à l'idée de revoir Londres que j'en ai pas dormi de la nuit.

Le lendemain matin, juste avant que je m'en aille prendre mon train, Ranj, dont l'avion ne partait que dans l'après-midi, est descendu me dire au revoir. On a échangé nos adresses et nos numéros de téléphone, mais le feeling n'était plus là, et il était évident qu'on ne se reverrait plus jamais. Des retrouvailles à Londres n'avaient pas de sens. Je n'avais pas envie de connaître le Ranj de Putney. Il serait probablement rangé et besogneux, et ça gâcherait le souvenir que je garderais toujours du Ranj indien, un boute-en-train sans pareil.

Dans le train pour Delhi, j'avais l'impression que j'étais déjà en route vers l'Angleterre, et je savais aussi que c'était exactement ce que je désirais : rentrer au pays. Toutes les difficultés étaient derrière moi, et le long voyage par le rail jusqu'à la capitale tenait du tour d'honneur. C'était un regard colonial que je portais sur le paysage qui défilait par la fenêtre, comme si je revoyais une dernière fois le territoire que j'avais conquis. Plus le trajet s'éternisait plus j'étais impressionné par ce que j'avais entrepris. Ces milliers de kilomètres m'appartenaient, et j'avais peine à croire que j'avais traversé ces immensités sans être volé, tué et peut-être même dévoré.

Pendant les quarante-huit heures de bringuebalement ferroviaire, j'ai regardé par la fenêtre avec un calme serein et j'ai dormi du sommeil paisible d'un médaillé d'or aux J.O.

À Delhi, je suis retourné chez Mme Colaço et j'ai même réussi à avoir le même lit dans le dortoir qu'à mon arrivée. Je me suis assis en tailleur sur la couche dure et j'ai mesuré combien j'étais cool. J'avais accompli mon voyage. J'étais revenu au point de départ, et en vie. J'avais le sentiment d'avoir plusieurs années de plus et d'être beaucoup plus sage que trois mois plus tôt. Trois mois ! J'avais tenu trois longs mois sans abandonner. Ce voyage était une réussite.

Je ne savais toujours pas ce que les routards faisaient de leurs journées, mais cela n'avait plus d'importance. J'étais un voyageur. J'avais vu le monde et accompli des choses dont se gardent la plupart de mes semblables. J'avais souffert, je m'étais fait violence, j'avais été à l'école de la Terre.

Un peu plus tard, deux jeunes mecs en jean propre sont entrés, ont choisi chacun un lit et se sont assis sans un mot, l'air aussi stupéfiés que si une bombe venait d'exploser sous leur crâne. J'ai remarqué que leurs sacs à dos portaient encore les étiquettes d'une compagnie de charters.

« Salut, m'a dit l'un d'eux.

– Paix… euh, salut, j'ai répondu. Vous débarquez ?

– Ouais.

– Un peu dépaysés, hein ?

– Putain, on est en nage, a dit l'autre, l'air accablé. Qu'est-ce qu'on peut faire avec une chaleur pareille ?

– Mais rien, justement.

– D'accord. » Il m'a regardé comme si je racontais des inepties.

« T'es là depuis quand ? a demandé son ami.

– Oh, depuis pas mal de temps. Je me rapatrie dans deux jours.

– Pour commencer la fac ?

– Euh… ouais, c'est probable.

– Fac de quoi ?

– Lettres.

– Ah ouais ? Et où ça ?

– York. Vous aussi, vous êtes en sabba ? j'ai demandé pour changer de sujet, parce que je n'avais pas envie de parler de mon retour.

– Exact.

– Et vous commencez par l'Inde ?

– Ouais. On a prévu de passer un mois ou deux ici, un autre au Pakistan, ensuite la Thaïlande, l'Indonésie et l'Australie.

– Cool.

– Un peu impressionnant, tout de même.

– Tout se passera bien, je leur ai dit tout en pensant qu'à un moment ou un autre ils seraient horriblement malades, sans parler de la dépression, de la solitude, du désespoir, du mal du pays, et du fait qu'ils finiraient probablement par se haïr. Vous allez prendre votre pied, croyez-moi. »

À voir ces deux bouilles de petits lapins timides prêts à s'enfoncer dans la folie indienne, ça m'a rappelé mon bonheur d'avoir mon voyage derrière moi et non devant. Je devais m'avouer que c'était plus marrant de l'avoir fait que de le faire. Se chier dessus, par exemple, était quelque chose d'abominable, mais s'être chié dessus, voilà qui faisait un bon sujet de conversation à table. J'allais pouvoir en tirer un maximum, de mon histoire de burger de chien. Dix ans plus tard, ce serait peut-être tout ce que je me rappellerais de mon trip hindou, en dépit du fait que ce n'était probablement pas de la viande canine. Il n'empêche, cette histoire aurait la première place parmi les anecdotes que je remportais dans mes bagages. Si je la comparais à ce que j'avais recueilli auprès d'autres routards, cette mésaventure présentait le parfait mélange du idiot-que-je-suis-on-m'avait-pourtant-averti et du mais-il-en-fallait-plus-pour-abattre-un-dur-à-cuire-comme-moi.

Il était évident que personne ne me demanderait de lui décrire les montagnes ou de lui parler du climat. Tout le monde voudrait savoir si j'avais baisé ou comment j'étais tombé malade. Heureusement pour moi, j'avais fait les deux (enfin presque), et j'aurais donc de quoi étoffer mon récit. Et quoi qu'il m'arrive pendant le reste de ma vie (j'étais parfaitement capable de devenir un mec chiant), je pourrais toujours raconter que j'avais tourné seul en Inde pendant trois longs mois. Bon, ce n'était pas l'exacte vérité mais, merde, j'avais le droit de dire ce que je voulais.

Une personne complètement différente

Mon avion décollait à six heures du matin, et je devais me présenter à l'enregistrement trois heures avant ; ce n'était donc pas la peine que je me couche. J'ai demandé à l'hôtel de me réserver un rickshaw à deux heures et, après avoir passé toute la soirée à bouquiner, je suis allé là où j'avais donné rendez-vous au chauffeur.

Il dormait à poings fermés sur son siège, et je l'ai tapoté plusieurs fois sur le bras sans succès. Ce n'est qu'après l'avoir pincé qu'il a tressailli, rouvert les yeux et m'a regardé d'un air paniqué jusqu'à ce que la mémoire lui revienne. Il est allé se rafraîchir le visage à une fontaine, a regagné d'un pas traînant son rickshaw et démarré le moteur.

Des chauffeurs endormis dans leurs petites cabines, on en a passé des centaines. Je n'avais pas encore réalisé qu'ils ne rentraient pas chez eux à la fin de leur journée. Je me suis senti coupable au souvenir de mes âpres marchandages pour trois roupies à chaque fois que je faisais appel à leurs services. Un sentiment de soulagement a balayé aussitôt ce mea-culpa, alors que je prenais conscience qu'il ne s'était pas passé un seul jour pendant ces trois mois sans que je ne sois exposé à l'une de ces mesquines tracasseries et que dans quelques heures j'allais en être libéré pour toujours.

C'était difficile à dire mais la tête dodelinante de mon chauffeur et sa conduite incertaine donnaient fortement l'impression qu'il dormait au volant. Bien qu'on l'ait échappé belle en deux ou trois occasions, je suis arrivé indemne à l'aéroport et lui ai refilé un généreux pourboire. Un cynique dirait que je me débarrassais d'un tas de ferraille inutilisable et il se tromperait : j'avais réellement envie de le récompenser. Si j'avais mesuré plus tôt la pauvreté des chauffeurs de rickshaws, je les aurais tous royalement payés.

L'aéroport m'a d'abord paru désert, et puis j'ai repéré un petit groupe dans un coin de l'immense hall d'enregistrement. Ils étaient au nombre de cinq et prenaient le même avion que moi. Il y avait là Brian, un ingénieur en téléphonie, qui venait juste de terminer un long périple et s'inquiétait de ne pas retrouver de travail, son amie boudeuse et anonyme moulée dans un Cooper ; Lionel, apprenti pédicure ; Oompt, étudiant en ingénierie, et son ami Litty, qui préparait une thèse sur la gelée blanche.

On a bavardé pendant un moment, jusqu'à ce que Oompt annonce qu'il avait un frisbee dans son sac, et on a fait une partie à quatre, profitant de l'impressionnant périmètre pour se faire des lancers longue distance.

On était en train de jouer quand j'ai vu entrer une fille d'une pâleur pâteuse d'albinos qu'accentuait le sari blanc dont elle était enveloppée. Puis, comme je remarquais le sac à dos sur le chariot qu'elle poussait devant elle, j'ai réalisé que ce devait être encore une de ces paumées d'Occidentales tombées dans la soupe hindouiste. Mais, alors qu'elle tournait la tête vers moi, je me suis figé comme sous le regard de Méduse et me suis pris le frisbee en pleine poire.

Putain, c'était Liz ! Déguisée et allant du pas laborieusement serein de la décorée de l'ordre du Nirvana.

J'ai balancé le disque à Oompt et me suis retiré du jeu pour la regarder s'asseoir à l'autre bout du hall. Je ne savais pas trop si elle m'avait vu ou pas. J'ai hésité un peu et puis je suis allé vers elle le cœur battant. N'essayez jamais de respirer lentement pour dissimuler votre émotion, vous ne réussirez qu'à vous essouffler et paraître encore plus tendu. En me rapprochant, j'ai remarqué qu'elle n'était pas seulement ensarisée mais qu'elle portait aussi au front une de ces pastilles rouges. Quelle conne !

« Salut !

– Salut. »

J'ai eu droit à un regard bref et méprisant. À la voir arriver toute seule en poussant son chariot, j'avais éprouvé un brin de sympathie pour elle, mais son dédain m'a rappelé à quel point je la détestais.

J'ai quand même décidé de me montrer amical, sachant que c'était encore le meilleur moyen de l'agacer.

« C'est incroyable, non ?

– Quoi ?

– Qu'on soit là, tous les deux.

– On prend le même avion, alors je vois vraiment pas ce qu'il y a d'étonnant.

– Ah oui, c'est vrai. J'avais oublié. »

Elle m'a jeté un regard noir, et un silence est tombé.

« En te voyant entrer, tout à l'heure, je t'ai prise pour une albinos.

– Très drôle.

– Et puis je t'ai reconnue, et j'arrivais pas à en croire mes yeux ! Déguisée dans ce machin.

– Je me suis seulement adaptée à la culture et au climat indiens. C'est même tout l'intérêt de ce voyage, au cas où tu ne l'aurais pas encore compris.

– N'empêche, ça fait un peu zarbi. Tu risqueras pas de passer inaperçue dans le métro.

– Mes parents viennent me chercher.

– Alors tu vas ranger ton accoutrement une fois chez toi ?

– Qu'entends-tu par "chez moi" ?

– Ben, chez tes parents.

– Je ne considère pas le foyer parental comme mon "chez moi". J'ai dépassé cela.

– Alors, c'est où chez toi ?

– Où il me plaît.

– Et tu vas garder ta panoplie ? »

Elle m'a considéré avec une indifférence agressive. « Il sera temps de m'adapter... une fois là-bas. Pour le moment, je ne me souviens plus très bien à quoi ressemble l'Angleterre.

– C'est froid et humide.

– Toujours à te plaindre, je vois.

– J'me plains pas. Je suis content de retrouver Londres. Je me suis bien marré en Inde mais, maintenant, je dois faire mon chemin. »

Disant cela, j'ai été pris d'un léger vertige. Pour la première fois, je prenais réellement conscience que je regagnais ma terre natale. J'allais monter dans une boîte métallique qui allait me ramener en Angleterre, me ramener à ma vie à moi. Dans une quinzaine de jours j'entrerais à la fac. J'aurais du travail, je lirais des livres, j'écrirais des choses.

« Faire ton chemin, hein ? Décidément, tu es le type même du carriériste occidental.

– Pourquoi tu dis ça ? Tu comptes faire quoi, toi ? Jouer les hippies ? C'est le retour au réel, ma vieille.

– C'est incroyable, tu viens de passer trois mois en Inde, et tu n'as pas changé d'un iota.

– Pas changé d'un iota ? Crois-moi, j'ai salement percuté avec ce pays. J'en reviens complètement différent.

– Ouais, bien sûr.

– C'est la vérité.

– Différent comment ?

– Je suis… plus mûr. J'étais un gamin et, maintenant, je suis un adulte, un homme sûr de lui.

– Tu as toujours été plein de suffisance, Dave. Et je ne pense pas que tu te sois amélioré sur ce point en prenant de l'assurance.

– La suffisance va avec la jeunesse et la confiance en soi, avec la maturité.

– Et en ce moment même, tu es rempli de confiance en toi ?

– Oui, on peut le dire. »

Ça l'a fait se marrer.

« Écrase, Liz. J'ai pas besoin de ça.

– Tu es hilarant.

– Garde tes commentaires pour toi, espèce de salope prétentieuse.

– Oh ! C'est un trait de confiance en soi, ça ? »

Elle est partie à rire de plus belle.

« Arrête, parce que si tu continues comme ça, je… je pourrais très bien raconter à James que t'as fricoté avec ton guru. »

Ça l'a calmée sur-le-champ.

« D'où tu sors ça ?

– D'un petit oiseau que j'ai rencontré par hasard. Et un avec lequel je me suis bien entendu.

– Rencontré par hasard ?

– Oui, mais j'en dirai pas plus. En tout cas, elles m'ont tout raconté par le menu.

– Écoute, Dave, n'oublions pas que tu as passé une bonne partie de l'année à essayer de te faire la fiancée de ton meilleur ami, ce qui ne te met pas dans une position très confortable pour me faire chanter.

– Qui a parlé de chantage ? J'ai seulement suggéré qu'on pourrait essayer de maintenir un semblant de relation courtoise. On ne veut ni l'un ni l'autre que circulent de vilaines rumeurs. »

Elle m'a jeté un de ces regards qui vous picotent désagréablement l'échine.

« Ne t'inquiète pas, avec un peu de chance on n'aura plus jamais l'occasion de se revoir. » Elle a rouvert le livre qu'elle avait posé sur ses genoux et a repris sa lecture.

Je l'ai regardée pendant quelques secondes. Une fois de plus, cette garce avait eu le dernier mot.

« Ouais, espérons-le », j'ai marmonné sans conviction avant de m'en aller.

TROISIÈME PARTIE

Dave le voyageur

Quelque chose d'irréaliste

Dans le taxi qui me ramenait de l'aéroport, j'avais presque l'impression de découvrir Londres pour la première fois. Je m'émerveillais de la propreté de toutes choses, du revêtement parfait des routes, du respect du code dont témoignaient les automobilistes, des grandes vitrines des magasins, du fait que les seuls animaux que j'apercevais étaient des petits chiens grassouillets trottinant au bout d'une laisse. Et personne ne semblait traînasser dans les rues ; tous marchaient avec une tranquille détermination, chacun dans sa petite bulle… derrière une paire de lunettes, un pardessus, un pas rapide.

Pour je ne sais quelle raison, je trouvais parfaitement stupides les plaques minéralogiques des voitures. Londres m'avait l'air d'être une ville-jouet et l'Angleterre une parodie d'elle-même.

Mon premier geste une fois arrivé chez moi a été de me servir un verre d'eau au robinet. Quel luxe !

Maman m'a demandé ce que j'aimerais manger, et j'ai répondu : un steak avec des haricots verts et des pommes de terre nouvelles. Elle a aussitôt sorti viande et légumes du frigo et s'est mise au fourneau en me disant qu'elle savait d'avance ce qui me ferait plaisir et avait fait les courses en conséquence.

Elle me posait tellement de questions pendant que je mangeais que je ne savais plus quoi lui raconter. Je commençais une histoire, et elle m'interrompait au bout de deux phrases pour s'enquérir sur la façon dont je me nourrissais, comment je lavais mon linge, où je dormais, bref un tas de bêtises d'ordre matériel, qui me détournaient de ce que j'avais envie de raconter. D'ailleurs, plus je parlais moins je me faisais comprendre. À vrai dire, il n'y avait aucune passerelle possible entre son monde à elle et le mien. Autant expliquer les règles du basket-ball à une méduse.

Bien vite, elle s'est désintéressée de mon récit pour me décrire par le menu ce qui s'était passé à la maison pendant mon absence, à savoir rien de passionnant. D'après ce que je pouvais en juger, les choses étaient telles que je les avais quittées, et cependant son compte rendu de ces trois derniers mois lui a pris autant de temps que le mien. J'étais stupéfié de l'entendre ainsi jacter sans qu'elle prenne conscience de l'ennui qu'elle distillait.

Quant au steak, qui était un véritable délice, il m'a donné des crampes d'estomac. Je n'avais rien eu à digérer d'aussi substantiel pendant des semaines, mon burger au chien représentant le seul morceau de viande ayant requis un minimum de mastication.

J'ai porté l'index à ma bouche et vérifié rapidement la solidité de mes dents puis je suis sorti faire un tour pour digérer. Le temps était tout simplement magnifique – des nuages sombres filant dans un ciel gris et une brise délicieusement glacée qui m'a saisi et donné la chair de poule. C'était tellement bon de sentir la froidure vous envahir la gorge et la poitrine, le vent vous piquer les joues et rougir votre nez. Je me suis arrêté et j'ai aspiré ma première bouffée d'air anglais. Aaaahhh !

Pataugeant dans l'herbe détrempée du parc voisin, j'ai été frappé par tant de verdeur. Je m'étais habitué à une nourriture infecte et une terre brunie par le soleil, et cette soudaine inversion du goût et du paysage me procurait un sentiment d'irréalité. Je me suis mis à toucher les choses pour me convaincre de leur existence ; j'arrachais des touffes d'herbe, caressais un banc perlé de pluie, palpais les feuilles d'une branche basse.

Sur le chemin du retour, j'ai fait halte à l'épicerie du coin pour acheter une tablette de chocolat au lait – de l'authentique, fait avec du cacao et du lait de vache – qui allait me changer de sa version indienne, même emballage mais horriblement pâteuse. J'ai échangé les mêmes propos que d'habitude avec l'épicier (« Les affaires marchent ? Arsenal bat un peu de l'aile ») puis je me suis surpris à lui demander d'où il venait.

Il m'a regardé d'un air étonné.

« Je reviens d'Inde, j'ai expliqué. C'est pour ça que vous m'avez plus vu pendant depuis trois mois.

– C'est vrai ! il s'est exclamé en se fendant d'un grand sourire, qui était bien le premier depuis que je m'approvisionnais chez lui. Gujarat, il a ajouté. Ma famille est de Gujarat.

– J'y suis passé mais je me suis pas arrêté. C'est comment ?

– Oh, très beau. C'est le plus bel endroit du monde. Mais c'est pas à un chauvin comme moi qu'il faut poser la question.

– Vous êtes arrivés quand, ici ?

– J'avais quatorze ans.

– Quatorze !

– Ouais. Je retourne tous les ans là-bas… pour voir la famille.

– Bien sûr.

– Et qu'est-ce que vous avez vu d'autre en Inde ?

– Oh, j'ai commencé par Delhi, puis je suis allé à Himachal Pradesh…

– Ah ! C'est magnifique là-haut.

– Superbe, vraiment superbe. Après, j'ai traversé le Rajasthan, direction Goa…

– En avion ?

– Non, en train et autobus.

– Du Rajasthan à Goa sans prendre l'avion ? C'est de la folie.

– Je m'imaginais pas que les distances puissent être aussi grandes. Si j'avais su… Après, je suis descendu dans le Kerala.

– J'ai jamais visité le Sud. Un jour, peut-être… mais avec le magasin et les enfants…

– Ouais, c'est difficile.

– Mmmm.

– Mais vous devriez y aller. C'est très beau.

– On le dit.

– À la vérité, c'est même stupéfiant.

– Et vous retournerez… en Inde ? il m'a demandé.

– Moi ?

– Oui.

– Ben, j'y ai pas vraiment pensé. Vous savez, c'est pas facile de voyager là-bas. C'est pas une promenade de santé. Mais… peut-être dans quelques années… si j'en ai l'occasion. Ouais, ça me plairait bien de le refaire. »

On a bavardé encore un petit moment et puis je suis sorti bizarrement troublé d'avoir pu manifester une envie de retourner en Inde. Ça faisait à peine quelques heures que j'étais en Angleterre, et j'avais déjà oublié tous les désagréments de mon expédition. Bien sûr, je me souvenais d'avoir souffert la plupart du temps mais je me sentais tellement heureux d'être parti et revenu sain et sauf que les bénéfices l'emportaient sur tout le reste. Ce voyage devenait à mes yeux une « bonne chose ». Le plaisir de l'avoir effectué l'emportait spontanément sur toutes les misères qui avaient jalonné ma route. J'étais réellement incapable de me rappeler les trajets en bus et leur crucifiant tapecul, alors que je me souvenais du profond plaisir éprouvé en découvrant pour la première fois le spectacle des montagnes.

Tous mes sentiments contradictoires passaient à travers un filtre qui éliminait tout ce qui avait été désagréable ou douloureux. Je prévoyais déjà qu'en réalité je n'aurais plus que de bons souvenirs et que, comme tant d'autres avant moi, je dirais que ce voyage avait été une « formidable expérience ».

Je vais devoir le faire

Cela faisait deux, trois jours que j'étais rentré, quand j'ai reçu un coup de fil de James. J'en avais tellement à raconter et, surtout, tellement à taire, que j'ai abrégé notre conversation téléphonique et lui ai donné rendez-vous au pub dans la soirée. Je n'ai pas mentionné Liz, espérant qu'elle ne viendrait pas, mais j'ai relevé qu'il disait « nous » là où il aurait dû employer le « je », et cela n'augurait rien de bon.

Comme de bien entendu, ils sont arrivés bras dessus bras dessous. Ça m'a fichu un coup. Je n'avais pas la moindre idée de ce qu'elle lui avait dévoilé de notre histoire et de ce que je pouvais donc dire moi-même sans la contredire.

James avait maigri et lui que j'avais toujours connu impeccablement coiffé arborait une tignasse cascadant en un blond désordre de chaque côté de sa barbe broussailleuse. Lui qui avait ressemblé à

Richard Clayderman avait maintenant un côté Christ grunge.

Liz portait une minijupe et un body qui ont fait gargouiller mes couilles. Le sari et la pastille rouge avaient disparu.

À peine m'avait-il vu que James hurlait mon nom à travers le pub et bondissait vers moi pour me serrer dans ses bras. Je me suis inquiété d'une telle exubérance, car cela pouvait signifier que soit il ignorait tout, soit il savait et retardait seulement le moment de me faire la peau. Liz m'a souri et fait la bise. Il n'y avait plus la moindre trace indienne dans son attitude.

Sitôt James parti chercher les consos au bar, l'atmosphère s'est épaissie entre Liz et moi. Je lui rendais son regard impassible tout en me demandant ce qu'elle pouvait bien avoir derrière la tête.

« T'as jeté ton sari aux orties ? je lui ai dit, pour finir.

– Ça t'intéresse ? »

J'ai haussé les épaules. « Tu lui as dit ?

– Lui ai dit quoi ?

– À notre sujet.

– Il n'y a rien à dire.

– C'est vrai, que je suis bête.

– Je lui ai seulement dit qu'on était partis là-bas, qu'on s'était bien amusés et qu'on était revenus.

– Et rien sur notre séparation en cours de route ?

– Non.

– Pourquoi ?

– Je n'ai pas envie de lui mentir, alors je lui parle de ce que j'ai vu, moi, et certainement pas de ce que nous avons fait.

– Si j'ai bien compris, tu lui mens parce que t'as pas envie de lui mentir.

– Bon Dieu, comme tu y tiens à tes petits jeux merdiques.

– Commence pas, Liz. J'aimerais seulement savoir ce que je peux raconter et ce que je ne peux pas.

– Dis-en le moins possible, si tu peux y arriver pour une fois.

– Oh, c'est moi le bavard, maintenant. Super.

– Laisse tomber. Il revient. »

James nous a trouvés en plein échange de sourires crispés. Liz a passé son bras autour de lui et, pour mon instruction, l'a embrassé chaudement dans le cou.

« T'es un homme heureux, j'ai dit, sachant que Liz apprécierait le sarcasme.

– Je le suis. » Il a eu un petit sourire tout en caressant le bras de Liz.

« Alors, comment s'est passé ton voyage ? je lui ai demandé.

– Incroyable. J'ai jamais rien connu d'aussi fort. Et toi ?

– Super. Bien sûr, il y a eu quelques moments difficiles mais, dans l'ensemble, ç'a été une formidable expérience.

– Liz aura donc réussi à te convaincre de quitter ta chère et confortable Angleterre ?

– Il faut croire.

– Mais comment s'y est-elle prise ? Tu disais toujours que tu n'irais jamais plus loin que Watford.

– Tu sais, elle sait se montrer très persuasive.

– À qui le dis-tu.

– C'était une décision mutuelle, est intervenue l'intéressée. Un mariage de raison.

– Et vous vous êtes bien entendus, tous les deux ? »

Il y a eu un long silence pendant lequel nous avons évité de nous regarder.

« Comme une maison en feu », j'ai fini par dire d'un ton de voix qui a encore accentué l'étrangeté de ma métaphore pour désigner la bonne entente entre deux êtres.

Il s'en est suivi un nouveau silence, durant lequel James nous a regardés pour la première fois d'un air suspicieux.

« Il s'est passé quelque chose entre vous deux ? » il a demandé.

Liz et moi on a regardé nos verres.

« J'ai comme dans l'idée, a repris James, que vous deux…

– Quoi ? a dit Liz, un rien pâlissant.

– J'sais pas… que vous vous êtes pas très bien entendus. »

Liz et moi on s'est sentis soulagés d'un poids. James ne saurait jamais la vérité.

Soudain, je me suis demandé pourquoi je devrais en éprouver du soulagement. Je n'étais pas obligé de mentir pour couvrir Liz. Je ne lui devais rien, à celle-là. Elle m'avait traité comme le dernier des derniers et m'avait abandonné en plein milieu du voyage. Je n'avais aucune raison de mentir pour l'aider à sauver sa relation mensongère et malhonnête avec James. J'avais failli oublier combien je la détestais. Après tout, c'était mon amitié avec James qui était en jeu, et s'il continuait de fréquenter cette salope, elle veillerait à ce qu'il ne me revoie plus.

Dans un moment d'euphorie, il m'est venu à l'esprit que je n'avais rien à perdre et que je pouvais m'amuser un peu.

« Tu sais quoi, j'ai dit à James avec un grand sourire, j'ai cru un instant que tu nous soupçonnais d'avoir couché ensemble. »

James a éclaté de rire, et je l'ai imité. En dépit du fait qu'elle avait pâli, verdi et rougi presque en même temps, Liz a lâché quelques gloussements avant de commencer de se ronger les ongles.

Quand les rires sont retombés, je lui ai souri et lui ai dit : « Et toi, tu n'as pas eu la même idée que moi ? »

Elle m'a jeté un regard noir pour toute réponse.

« Vous vous êtes disputés, c'est bien ça ? a demandé James.

– On s'est bien entendus, au début, j'ai répondu. On était même très proches, hein, Liz ? »

Je m'amusais bien. Liz n'était vraiment pas à la fête. Pour la première fois depuis que nous nous connaissions, elle et moi, je la tenais et la tenais bien.

« James, elle a dit soudain d'une voix sèche, on ferait mieux de partir.

– Pourquoi ?

– Parce que je ne supporte pas d'être assise à cette table en compagnie de ce salopard.

– Tu parles sérieusement ?

– Je ne veux pas m'interposer entre tes amis et toi, mais si Dave continue comme ça, je vais devoir te raconter ce qui s'est réellement passé. »

Ça lui a coupé le sifflet à James de la voir ainsi toute retournée et il lui a demandé d'un air inquiet : « Qu'est-ce qui s'est passé ?

– Je ne voulais t'en parler parce que je savais que ça te ferait de la peine, elle a dit. Dave et moi on est partis en Inde en copains, mais on était à peine arrivés qu'il n'a pas arrêté de me harceler pour que je baise avec lui.

– QUOI ? j'ai hurlé.

– Il m'a menacée de m'abandonner si je ne lui accordais pas ce qu'il voulait. J'ai fait tout ce que je pouvais pour le décourager mais il était tellement insistant qu'à la fin je n'ai pas eu d'autre solution que de m'enfuir avec deux amies que j'ai rencontrées par hasard. »

Le visage de James avait pris un vilain rouge colère.

« Putain, James, tu vas pas croire ces conneries, non ? »

Il m'a regardé d'un air furieux.

« Cette fille est une menteuse pathologique, tu le sais aussi bien que moi. »

James se tortillait de rage et de confusion sur sa chaise. « Dave, il a dit enfin, je suis un non-violent mais je vais devoir le faire.

– Quoi ? »

Il s'est levé et m'a flanqué son poing dans la gueule.

J'ai décollé de mon tabouret et atterri lourdement sur le carrelage. Il s'est fait un grand silence dans le pub. Pendant quelques secondes je suis resté là étendu sur le sol collant de bière, trop stupéfait pour éprouver la moindre douleur. Puis j'ai senti les premiers élancements dans ma mâchoire en même temps que le goût ferreux du sang dans ma bouche sans parler d'un méchant bourdonnement dans l'oreille.

Je me suis remis debout en me tenant la joue. Le silence ambiant s'est fait un peu plus épais.

« Tu sais bien qu'elle est rien qu'une sale menteuse, James. Elle l'a toujours été. Et en plus elle ment très mal. L'histoire qu'elle t'a racontée ne tient pas debout.

– Et pourquoi je ne la croirais pas ? a dit James en se massant en douce les phalanges.

– Tu veux savoir la vérité ? Après ton départ, on est devenus de bons amis, elle et moi. Puis on a été amants et on est partis en Inde. Plus tard on s'est séparés et on a continué le voyage chacun de son côté. C'est aussi simple que ça.

– VA TE FAIRE FOUTRE ! elle m'a gueulé. On n'a jamais été amants. James, il m'est tombé dessus le lendemain de ton départ, mais il n'a jamais eu ce qu'il cherchait. C'est un sale porc. Je le hais. »

Tous les regards se portaient maintenant sur James, chacun se demandant comment il allait réagir. Le temps était suspendu. Le silence fut soudain brisé tout au bout du bar par une voix de femme au lourd accent irlandais.

« La crois pas, mon gars. Cette fille a le mot “menteuse” tatoué sur toute sa petite gueule de fouine. »

Les têtes se sont tournées vers l'intervenante, qui a hoché du chef d'un air pénétré avant de s'envoyer une lampée de son gin tonic.

« Crois ta gonzesse sur parole, petit, est intervenu le barman. T'es pas près d'en trouver une meilleure qu'elle.

– L'écoute pas ! a gueulé une voix mâle depuis le distributeur de cacahuètes. Si tu fais passer les pétasses avant les potes, alors t'es rien qu'un pourri, bonhomme.

– Ah, c'est peut-être pour ça que t'as pas tiré un coup depuis trois ans, lui a rétorqué une femme depuis une table près de la porte.

– Ton copain s'est farci ta fiancée, jeune homme, a dit une autre femme. Je le vois d'ici.

– Frappe-le encore, a ajouté le barman. T'as ma permission.

– Touche-le seulement du petit doigt, et je te défonce la tête, a promis le type près du distributeur de cacahuètes.

– Cette fille est une petite salope ! a déclaré un furieux en jetant son verre par terre. Une putain sans cœur comme toutes les autres !

– Qui c'est que tu traites de putains ? » ont crié en chœur deux femmes près de la porte.

Au milieu d'une cacophonie croissante de voix et de cris, je me suis senti les guibolles en coton, alors que ma joue m'élançait méchamment. J'ai redressé mon tabouret et me suis laissé choir dessus. James et Liz sont restés debout. Il lui a passé son bras autour des épaules, alors qu'une bagarre générale éclatait dans le pub.

Se frayant un chemin à travers les gnons qui pleuvaient, ils ont gagné la sortie.

Dave le voyageur

Il me restait deux semaines avant d'entrer à la fac et j'ai décidé de concentrer toute mon attention sur la liste des ouvrages au programme de la première année. J'ai même commencé à en lire un.

Quant à ma vie mondaine, j'ai décidé qu'il était temps de prendre un nouveau départ. J'allais pénétrer d'autres cercles, faire des connaissances, et il m'importait peu en fin de compte de m'être fait deux ennemis de mes deux meilleurs amis. À la vérité, c'était même un élément très positif. J'avais mûri au cours de mon grand voyage au point que j'étais à présent quelqu'un d'autre. Oui, le temps était venu de rompre tous ces vieux liens qui me rattachaient au Dave d'avant. L'heure de nouer de nouvelles amitiés avait sonné. C'était d'ailleurs là tout l'intérêt d'entreprendre des études supérieures. J'allais pouvoir tout recommencer dans la peau de cet autre moi… non pas Dave le Médiocre, petit lycéen de North London, non pas Dave le Frustré Sexuel, mais Dave le Voyageur.

Table

Geoff Nicholson

Comment j'ai raté mes vacances

Eric en rêvait de ses vacances au camping : se retrouver en famille, faire le point, faire taire ses angoisses existentielles. Mais rien ne se passe comme prévu. À peine arrivés, sa femme est prise de frénésie sexuelle, sa fille est frappée d'une crise de mysticisme tandis que son fils retourne à l'état d'homme des bois. En plongeant son héros dans un tourbillon de situations surréalistes, Geoff Nicholson livre une cruelle satire de la classe moyenne. Un livre grinçant et hilarant.

n°3216 – 6,90 €

DOMAINE ÉTRANGER, DES ROMANS D'AILLEURS ET D'AUJOURD'HUI

Hanif Kureishi

Le bouddha de banlieue

À la fin des années soixante, Karim a dix-sept ans et vit dans la banlieue de Londres entre une mère anglaise dépressive et un père indien, ancien aristocrate, élu guide spirituel d'un groupe de mystiques illuminés. Entre deux mondes, Karim se cherche. Caméléon indécis, son cœur et son corps oscillent entre Jamila, sa cousine, et Charlie, son meilleur ami devenu rock star. En pleine mouvance punk, il apprend la vie, confronté au racisme, à l'argent et au sexe.

n°2365 – 7,80 €

DOMAINE ÉTRANGER, DES ROMANS D'AILLEURS ET D'AUJOURD'HUI

Impression réalisée sur Presse Offset par

BRODARD & TAUPIN

GROUPE CPI

La Flèche (Sarthe), 30143
N° d'édition : 3693
Dépôt légal : mars 2005
Nouveau tirage : juin 2005

Imprimé en France